《山东省人工影响天气管理条例》释义

主　编：庞鸿魁

气象出版社
China Meteorological Press

内 容 简 介

《山东省人工影响天气管理条例》（以下简称《条例》）于 2022 年 7 月 28 日经山东省第十三届人民代表大会常务委员会第三十六次会议通过，自 2022 年 10 月 1 日起施行。为使各级政府及有关部门和社会各界能够准确了解、掌握《条例》内容，使《条例》的学习、宣传和贯彻工作落到实处，作者团队编写了本书。本书在撰写过程中坚持以准确反映立法宗旨和法律条款内容为最基本要求，收集整理了大量相关资料和案例，对每条、每款释义努力做到阐述全面、准确。

图书在版编目（CIP）数据

《山东省人工影响天气管理条例》释义 / 庞鸿魁主编. -- 北京 : 气象出版社, 2023.6
ISBN 978-7-5029-7989-8

Ⅰ. ①山… Ⅱ. ①庞… Ⅲ. ①人工影响天气－管理－条例－山东 Ⅳ. ①D922.175

中国国家版本馆CIP数据核字(2023)第111275号

《山东省人工影响天气管理条例》释义
《SHANDONG SHENG RENGONG YINGXIANG TIANQI GUANLI TIAOLI》SHIYI

出版发行：气象出版社
地　　址：北京市海淀区中关村南大街 46 号　　邮政编码：100081
电　　话：010-68407112（总编室）　010-68408042（发行部）
网　　址：http://www.qxcbs.com　　E-mail：qxcbs@cma.gov.cn
责任编辑：邵　华　宋　祎　　终　　审：张　斌
责任校对：张硕杰　　责任技编：赵相宁
封面设计：楠竹文化
印　　刷：北京中石油彩色印刷有限责任公司
开　　本：787 mm×1092 mm　1/16　　印　　张：8
字　　数：194 千字
版　　次：2023 年 6 月第 1 版　　印　　次：2023 年 6 月第 1 次印刷
定　　价：38.00 元

《〈山东省人工影响天气管理条例〉释义》编委会

主　　任：姚潜迅　杨增胜　庞鸿魁
副 主 任：石　晓　迟丽华　齐延安　阎丽凤
主　　编：庞鸿魁
副 主 编：阎丽凤
编写人员：徐金妹　陈洪波　潘兵会　王芦芦
　　　　　张福强　盛日锋　蔡　鹏　李　婷
　　　　　黄　琦　郭　建　丁　辰

前 言

《山东省人工影响天气管理条例》（以下简称《条例》）已于2022年7月28日经山东省第十三届人民代表大会常务委员会第三十六次会议通过，自2022年10月1日起施行。该条例的颁布实施，对于规范和加强人工影响天气工作、科学开发利用空中云水资源、防御和减轻气象灾害、促进生态文明建设、保障经济社会健康发展具有重要意义。

人工影响天气工作是党和政府促进经济社会发展、增进人民群众福祉的民生工程，在防御自然灾害、服务农业生产、改善生态环境等方面发挥着重要作用。近年来，山东省人工影响天气事业迅速发展，截至2022年7月，16个市、111个县（市、区）开展人工增雨、防雹工作，共有作业点597个，拥有高炮461门、新型火箭发射装置332部、地面碘化银燃烧发生器78个、租用高性能增雨飞机2架，已初步建成空地结合的人工影响天气立体作业网。每年4—10月开展地面人工防雹作业，全年开展地面人工增雨（雪）作业，春秋两季（3—5月、9—10月）开展飞机人工增雨作业，人工影响天气作业规模居全国前列。随着人工影响天气发展规模越来越大和作业频次的不断增加，实践中暴露出一些亟须解决的问题，如人工影响天气工作涉及多部门、多行业，实践中缺乏有效的协调机制，影响了总体效益的发挥；人工影响天气作业弹药储存需要进一步规范；人工影响天气安全管理难度日益增大，在作业点建设维护、作业指挥和监督、作业单位和人员管理、作业设施安全管理、安全事故预防与应急处置等方面需要进一步规范和健全相关制度。

《条例》坚持以习近平新时代中国特色社会主义思想为指导，深入贯彻党的十九大和十九届历次全会精神，坚持以人为本、统筹协调和问题导向，立足山东省实际，紧紧围绕人工影响天气在防灾减灾、生态文明建设中发挥的重要作用，系统梳理山东省人工影响天气工作存在的问题，总结好的经验做法，着重围绕解决问题进行制度设计，在上位法有关制度规定基础上突出地方特色，将实践中行之有效的做法上升为法律规范，推动山东省人工影响天气工作规范化、法治化。《条例》以《中华人民共和国气象法》和《人工影响天气管理条例》为主要依据，以人工影响天气工作规范发展和安全管理为主线，进一步明确各级政府和相关部门职责，重点规范人工影响天气工作的组织实施，完善人工影响天气工作的安全管理制度措施。

为了使各级政府及有关部门和社会各界能够准确了解、掌握《条例》内容，使《条例》的学习、宣传和贯彻工作落到实处，山东省人大常委会法制工作委员会、山东省司法厅、山东省气象局共同组织参与《条例》立法的同志编写了《〈山东省人工影响天气管理条例〉释义》一书。本书在撰写过程中坚持以准确反映立法宗旨和法律条款内容为最基本要求，收集整理了大量相关资料和案例，对每条、每款释义努力做到阐述全面、准确。

由于编写水平有限，难免有不妥之处，敬请读者提出宝贵意见。

编委会

目 录

第三部分　附　录

第一部分　《山东省人工影响天气管理条例》

山东省人民代表大会常务委员会公告

（第 225 号）

《山东省人工影响天气管理条例》已于 2022 年 7 月 28 日经山东省第十三届人民代表大会常务委员会第三十六次会议通过，现予公布，自 2022 年 10 月 1 日起施行。

山东省人民代表大会常务委员会

2022 年 7 月 28 日

山东省人工影响天气管理条例

（2022 年 7 月 28 日山东省第十三届人民代表大会常务委员会第三十六次会议通过）

目　录

第一章　总　则

第一条　为了规范和加强人工影响天气工作，科学开发利用空中云水资源，防御和减轻气象灾害，促进生态文明建设，保障经济社会健康发展，根据《中华人民共和国气象法》《人工影响天气管理条例》等法律、行政法规，结合本省实际，制定本条例。

第二条　在本省行政区域内从事人工影响天气活动，应当遵守本条例。

本条例所称人工影响天气，是指为避免或者减轻气象灾害，合理利用气候资源，在适当条件下通过科技手段对局部大气的物理、化学过程进行人工影响，实现增雨雪、防雹、消减雨雾、防霜等目的的活动。

第三条　人工影响天气工作应当坚持以人为本，遵循政府主导、统筹协调、科技引领、安全规范的原则。

第四条　县级以上人民政府应当加强对人工影响天气工作的领导，将人工影响天气工作纳入国民经济和社会发展规划，建立完善人工影响天气综合协调机制，加强人工影响天气规范化、标准化建设，统筹解决人工影响天气工作中的重大问题。

县级以上人民政府应当将人工影响天气工作所需经费纳入本级财政预算。

第五条　县级以上气象主管机构在本级人民政府的领导和协调下，负责本行政区域人工影响天气工作的组织实施和指导管理。

发展改革、工业和信息化、公安、财政、自然资源、生态环境、交通运输、水利、农业农村、应急管理、民航和航空管制等部门、单位，应当按照职责分工做好人工影响天气的相关工作。

乡镇人民政府、街道办事处应当协助做好本辖区人工影响天气相关工作。

第六条 鼓励和支持人工影响天气科学研究和先进技术的推广应用。

气象主管机构和有关部门应当组织开展人工影响天气在防灾减灾、应对气候变化、生态系统保护与修复、农业生产安全保障和云水资源开发利用等方面的研究，提高人工影响天气作业水平和效益。

第七条 县级以上人民政府和有关部门应当加强对人工影响天气的科普宣传，提高社会公众对人工影响天气的科学认识。

对在人工影响天气工作中做出突出贡献的单位和个人，县级以上人民政府应当给予奖励。

第二章 规划建设与组织实施

第八条 设区的市以上人民政府应当组织气象主管机构和发展改革、财政、农业农村、应急管理等部门编制人工影响天气专项规划。

人工影响天气专项规划应当包括基础设施、科技支撑、队伍建设、安全管理、重点工程、保障措施等内容。

第九条 县级以上气象主管机构应当根据当地国民经济发展需求和人工影响天气专项规划，制定人工影响天气年度工作计划，报本级人民政府批准后实施。

县级以上人民政府应当组织对人工影响天气作业的效果进行科学评估，评估结果作为评价人工影响天气工作的重要依据。

第十条 县级以上气象主管机构应当建立健全人工影响天气指挥、安全管理、天气监测预警、通信、信息处理和作业效果评估等系统，提高人工影响天气科学指挥和精准作业水平。

第十一条 人工影响天气作业点由省气象主管机构会同有关航空管制部门统一确定，所需场地由当地人民政府予以保障。

县级以上人民政府可以根据当地气候特点、地理条件、人员密集度、交通、通信等，提出人工影响天气作业点布设需求。

人工影响天气作业点不得擅自变动。

第十二条 人工影响天气作业应当由人工影响天气作业单位依法实施。

人工影响天气作业单位应当具备下列条件：

（一）有符合国家技术标准和要求的作业设备；

（二）有符合安全管理规定的作业设备库房、弹药临时储存场所等设施；

（三）有经过专业培训合格的作业指挥、操作等作业人员；

（四）有完善的作业安全管理制度和作业设备的维护、运输、储存、保管等制度；

（五）省气象主管机构规定的其他条件。

第十三条 有下列情形之一，气象主管机构可以组织人工影响天气作业单位适时开展人工影响天气作业：

（一）出现干旱或者预计旱情持续加重的；

（二）可能出现危害农作物的冰雹天气的；

（三）发生森林火灾或者森林长期处于高火险等级时段的；

（四）重要生态系统保护和修复需要的；

（五）国家规定重大活动保障需要的；

（六）其他需要实施人工影响天气作业的情形。

实施人工影响天气作业，应当具备适宜的天气条件，充分考虑实际需要和作业效果。

第十四条 实施人工影响天气作业，应当预先申请空域和作业时限，经航空管制部门批准后方可实施。

利用高射炮、火箭发射装置实施人工影响天气作业，由作业点所在地的县级以上气象主管机构向有关航空管制部门申请空域和作业时限。

利用飞机实施人工影响天气作业，由省气象主管机构向有关航空管制部门申请空域和作业时限。

第十五条 实施人工影响天气作业，作业地的气象主管机构应当根据具体情况提前公告。公告内容应当包括作业起止时间、作业区域、作业设备类型、发现故障弹药的处理方式、意外事故的报告方式等。

作业期间，人工影响天气作业单位应当在作业点显著位置设置警示标志。

第十六条 实施人工影响天气作业，应当在批准的空域和作业时限内，严格按照国家规定的作业规范和操作规程进行，并接受所在地气象主管机构的指挥、管理和监督，确保作业安全。

人工影响天气作业单位在作业过程中，收到停止作业的指令时，应当立即停止作业。作业结束后，所在地气象主管机构应当立即报告航空管制部门。

第十七条 作业地气象台站应当及时无偿提供实施人工影响天气作业所需的气象探测资料、情报和预报，做好人工影响天气作业所需的气象保障工作。

农业农村、水利、自然资源、生态环境、应急管理等有关部门应当及时无偿提供实施人工影响天气作业所需的灾情、水文、火情、生态环境等资料。

利用飞机实施人工影响天气作业时，有关航空管制部门和机场应当在空域调配、飞机起降、备降和地勤保障等方面做好作业空域和飞机驻场保障工作。

第十八条 需要跨设区的市、县（市、区）实施人工影响天气作业的，由相关设区的市、县（市、区）人民政府协商确定；协商不成的，由上一级气象主管机构商相关设区的市、县（市、区）人民政府确定。

省气象主管机构应当统筹本省空中云水资源的开发利用和人工防雹工作，指导跨设区的市、县（市、区）开展人工影响天气协同作业，提高人工影响天气作业效率。

第十九条 县级以上人民政府审计、财政等部门应当对人工影响天气工作资金使用情况进行监督检查，对发现的问题依法予以处理。

第二十条 人工影响天气作业单位应当建立健全人工影响天气作业档案制度。

作业档案应当包括作业目的、时段、地点、设备、弹药种类与用量、空域申请与批复等内容。

第三章　安全管理与应急处置

第二十一条 县级以上人民政府应当加强对人工影响天气工作的安全管理，将人工影响天气安全工作纳入安全生产管理体系。

气象主管机构应当会同有关部门开展人工影响天气作业安全检查和事故隐患排查治理情况的监督检查；对不再具备开展人工影响天气作业条件的单位，按照权限责令停止作业并限期整改。

工业和信息化、公安、交通运输等部门和气象主管机构应当按照各自职责，对人工影响天气作业使用的设备、炮弹、火箭弹的储存、运输进行监督和指导，落实监管措施。

第二十二条 利用高射炮和火箭实施人工影响天气作业的，应当根据国家标准绘制作业安全射界图，并在安全射界范围内实施作业。

第二十三条 任何组织和个人不得侵占人工影响天气作业场地，损毁、擅自移动人工影响天气作业设施、设备。

新建、改建、扩建建（构）筑物的，不得影响人工影响天气作业点作业安全。

第二十四条 人工影响天气作业使用的高射炮、火箭发射装置等作业设备以及炮弹、火箭弹等燃爆器材，应当符合国家有关武器装备、民用爆炸物品等法律、法规的要求和强制性技术标准。

人工影响天气作业使用的高射炮、火箭发射装置、炮弹、火箭弹，只能用于人工影响天气作业和检修后的试射、训练；发生丢失、盗抢等情况时，应当立即向当地公安机关和气象主管机构报告。

第二十五条 人工影响天气作业使用的高射炮、火箭发射装置、炮弹、火箭弹，由省气象主管机构按照国家有关规定组织采购。

第二十六条 储存人工影响天气作业使用的炮弹、火箭弹，应当遵守国家有关爆炸物品管理的法律、法规。

县级以上人民政府应当组织有关部门通过政府购买服务、自建专用仓库等方式，协调做好人工影响天气作业使用的炮弹、火箭弹等储存工作。

第二十七条 作业期间，在人工影响天气作业点临时存放作业所需炮弹、火箭弹的，应当具备临时存放条件，并设专人管理、看护。

作业点发射装置和弹药的存放应当符合国家有关标准要求。

第二十八条 运输人工影响天气作业使用的炮弹、火箭弹，应当按照国家有关民用爆炸物品管理规定向公安、交通运输等部门申请办理相关手续。

第二十九条 人工影响天气作业使用的高射炮、火箭发射装置由省气象主管机构组织年检；年检不合格的，应当立即进行检修，检修期间不得用于人工影响天气作业；经检修仍达不到规定的技术标准和要求的，予以报废。

报废的高射炮、火箭发射装置以及超过有效期的炮弹、火箭弹，由省气象主管机构按照国家规定组织处置。

第三十条 人工影响天气作业单位不得有下列行为：

（一）将人工影响天气作业设备转让给非人工影响天气作业单位或者个人；

（二）将人工影响天气作业设备用于与人工影响天气无关的活动；

（三）使用年检不合格、超过有效期或者报废的人工影响天气作业设备。

人工影响天气作业单位之间需要转让人工影响天气作业设备的，应当自转让之日起三十日内，向省气象主管机构备案。

第三十一条 人工影响天气作业单位应当按照国务院气象主管机构的规定对从事人工影响天气作业的人员进行岗前培训。人工影响天气作业人员掌握相关作业规范和操作规程后，方可从事人工影响天气作业。

利用高射炮、火箭发射装置从事人工影响天气作业的人员名单，由所在地的气象主管机构抄送当地公安机关备案。

第三十二条 各级人民政府和有关部门应当采取措施，加强专业化人工影响天气作业队伍建设，建立健全作业人员劳动保护制度，按照规定给予津贴补贴。

人工影响天气作业单位应当为作业人员配备必要的劳动防护装备和器材，按照规定购买人身意外伤害保险。

第三十三条 县级以上气象主管机构应当组织人工影响天气作业单位编制应急预案，并定期组织演练。

人工影响天气作业中发生突发事件的，作业单位应当按照应急预案及时处理，并依法报告当地人民政府或者有关部门。

在实施人工影响天气作业过程中造成人员伤亡、财产损失的，由县级以上人民政府组织有关部门和单位进行调查，并按照有关规定做好事故处理工作。

第四章 法律责任

第三十四条 违反本条例规定的行为，法律、行政法规已经规定法律责任的，适用其规定。

第三十五条 违反本条例规定，侵占人工影响天气作业场地或者损毁、擅自移动人工影响天气作业设施、设备的，由县级以上气象主管机构责令停止违法行为，限期恢复原状或者采取其他补救措施；逾期拒不恢复原状或者采取其他补救措施的，由气象主管机构依法申请人民法院强制执行，并对违法个人处五百元以上一千元以下罚款，对违法单位处一万元以上五万元以下罚款；造成损害的，依法承担赔偿责任；构成违反治安管理行为的，由公安机关依法给予治安管理处罚；构成犯罪的，依法追究刑事责任。

第三十六条 违反本条例规定，人工影响天气作业单位未按照规定建立作业档案的，由县级以上气象主管机构责令限期改正，给予警告；逾期不改正的，处二千元以上五千元以下罚款。

第三十七条 气象主管机构、有关部门及其工作人员在人工影响天气工作中滥用职权、玩忽职守、徇私舞弊的，对直接负责的主管人员和其他直接责任人员依法给予处分；构成犯罪的，依法追究刑事责任。

第五章 附则

第三十八条 本条例自 2022 年 10 月 1 日起施行。

第二部分 《山东省人工影响天气管理条例》释义

《山东省人工影响天气管理条例》释义

第一章 总则

总则是一部法规的基本原则和总体思路的集中体现，起着提挈全局的作用。总则一般规定立法依据、立法宗旨、调整对象、基本原则等，其基本内容统领其他章节，其精神贯穿法规始终，对正确把握法规的内容，理解法规的本意起着关键作用。

本章共七条，明确了本条例的立法目的与依据、适用范围、在山东省从事人工影响天气活动的基本原则、工作机制、职责分工以及科学技术研究、科普宣传、表彰奖励等内容。

第一条 为了规范和加强人工影响天气工作，科学开发利用空中云水资源，防御和减轻气象灾害，促进生态文明建设，保障经济社会健康发展，根据《中华人民共和国气象法》《人工影响天气管理条例》等法律、行政法规，结合本省实际，制定本条例。

【释义】本条是关于立法目的和立法依据的规定。

一、立法目的

立法目的又称立法宗旨，是制定一部法律、法规的主线和灵魂，体现了法律法规的指导思想和所要达到的任务目标。立法目的与其他条文之间是目的和手段关系，每一具体条文规定都应围绕着立法目的，为实现立法目的而服务。《山东省人工影响天气管理条例》（以下简称《条例》）作为专业性比较强的地方性法规，其根本目的可以从以下几个方面理解把握。

（一）规范和加强人工影响天气工作

随着国家各项改革的深入推进和人工影响天气作业需求的不断扩大，人工影响天气工作中面临的问题和矛盾不断凸显，需要结合地方实际和工作需求，进一步明确、细化和补充人工影响天气法律制度，切实提高制度的可操作性，破解当前人工影响天气工作存在的以下难点、堵点问题：一是缺乏有效的部门协调机制。人工影响天气工作涉及多部门、多行业，实践中因部门协调配合不畅通等因素，影响了人工影响天气工作总体效益的发挥。二是人工影响天气作业弹药储存、运输工作不够规范。由于上位法的规定已不适应现实情况的变化，实践中人工影响天气弹药储存方式不一，储存在作业点临时库房或气象部门自建仓库的情况普遍存在，有的达不到专门存放民用爆炸物品安全标准，运输合规化比例也较低，存在较大安全风险隐患。三是安全管理制度尚未建立完善，各部门不能在政府统一领导下形成安全管理合力。人工影响天气作业的安全管理难度日益增大，作业点建设维护、作业指挥和监督、作业单位和人员管理、作业设施安全管理、安全事故预防与应急处置等方面的工作都需要进一步规范。因此，有必要通过地方立法进一步规范和加强人工影响天气管理工作，为此项工作的顺利开展提供坚实的法制保障。

（二）科学开发利用空中云水资源

空中云水资源是指存在于大气中的液态水和固态水总量，通过人工干预可以直接开发利用的水资源，是人类可有效利用的气候资源。水是有限且不可替代的生命之源，是经济社会可持续发展的自然物质基础。山东是农业大省，也是全国水资源极其缺乏的省份，淡水资源仅占全国1%，水资源紧缺严重制约着山东省农业的可持续发展。人工影响天气工作是农业增雨抗旱的重要保障，也是依靠科技开发气候资源，缓解水资源短缺和保护生态环境的重要手段。通过人工影响天气，运用科技手段触发降水，开发利用空中云水资源，成本低、效益好、潜力大，是增加水资源供给的有效途径。《中共中央国务院关于加快推进生态文明建设的意见》在“全面促进资源节约循环高效使用，推动利用方式根本转变”部分，提出要加强资源节约，积极开发空中云水等非常规水源，提高水资源安全保障水平。

（三）防御和减轻气象灾害

人工影响天气是综合防灾减灾救灾的重要措施。在干旱、森林火灾、冰雹等成灾之前，通过增雨雪减轻旱情与火险等级，通过消雹避免和减轻冰雹危害，是预防灾害发生、减轻灾害风险的有效手段。在季节性干旱、森林火灾等发生时，通过科技手段对局部大气施加人为影响从而增加局地降水，是降低灾害损失的重要举措。随着人工影响天气技术的不断成熟，在灾前防范、灾中抗御和灾后救援等各项工作中都将会发挥越来越重要的作用。《国务院办公厅关于推进人工影响天气工作高质量发展的意见》（国办发〔2020〕47号）指出，要准确把握人工影响天气的基础性、公益性定位，完善体制机制，强化能力建设，加快科技创新，提高作业水平，更好服务经济社会发展，为防灾减灾救灾、国家重大战略实施和人民群众安全福祉提供坚实保障。

（四）促进生态文明建设

《国务院办公厅关于推进人工影响天气工作高质量发展的意见》（国办发〔2020〕47号）要求，要做好重点领域服务保障，支持生态保护与修复。针对重要生态系统保护和修复需求，因地制宜制定常态化人工影响天气作业工作计划。积极开展重点区域人工影响天气作业，发挥其在水源涵养、水土保持、植被修复、生物多样性保护、水库增蓄水等方面的作用。2022年，中国气象局与山东省人民政府签署共同推进山东“在推动黄河流域生态保护和高质量发展上走在前”合作协议，双方共同支持山东省人工影响天气业务服务能力建设，重点加强在黄河重点生态区、重要河流水源区开展人工影响天气作业，充分发挥人工影响天气工作在山水林田湖草生态修复、湿地生态保护中的作用。

（五）保障经济社会健康发展

山东是农业大省，农业生产一直受到干旱、冰雹、霜冻等气象灾害的威胁。人工影响天气在农业抗旱、增雨雪中是最经济的技术选择，在防雹减灾中是有效的防控技术手段。自1987年山东省恢复实施人工影响天气工作以来，在省委、省人大和省政府领导的重视、支持和有关部门的通力合作下，人工影响天气工作得到了持续、稳定、健康的发展。截至2022年7月，全省共16个市、111个县（市、区）开展人工增雨雪、防雹工作，有作业点597个，拥有高射炮461门、新型火箭发射装置332部、地面碘化银燃烧发生器78个、租用高性能增雨飞机2架，已初步建成空地结合的人工影响天气立体作业网。每年4—10月开展地面人工防雹作业，全年开展地面人工增雨雪作业，春秋两季（3—5月、9—10月）开展飞机人工增雨作业，山东省人工影响天气作业规模居全国前列。人工影响天气在促进农业生产稳定发展、保障乡村振兴战略深入实施、发展壮大现代农业和乡村产业中都发挥着重要作用。

二、立法依据

立法依据是指立法机关制定法规的基础和根据。立法依据是关系到立法活动、法规自身是否合法或者符合实际的重要问题，自身合法是法规具有强制力的前提条件。按照立法依据的自身性质，可以将其分为法律依据和事实依据两种。

（一）法律依据

法律依据是指立法所依据的上位法，包括宪法、法律和行政法规。《条例》的直接上位法是《中华人民共和国气象法》《人工影响天气管理条例》。《中华人民共和国气象法》第三十条规定："县级以上人民政府应当加强对人工影响天气工作的领导，并根据实际情况，有组织、有计划地开展人工影响天气工作。国务院气象主管机构应当加强对全国人工影响天气工作的管理和指导。地方各级气象主管机构应当制定人工影响天气作业方案，并在本级人民政府的领导和协调下，管理、指导和组织实施人工影响天气作业。有关部门应当按照职责分工，配合气象主管机构做好人工影响天气的有关工作。实施人工影响天气作业的组织必须具备省、自治区、直辖市气象主管机构规定的条件，并使用符合国务院气象主管机构要求的技术标准的作业设备，遵守作业规范。"国务院 2002 年颁布实施的《人工影响天气管理条例》，对依法加强人工影响天气工作的领导和协调，全面规范人工影响天气活动，防御和减轻气象灾害起到了积极的促进作用，也为山东省人工影响天气管理工作的法治化、规范化奠定了基础。

同时，《条例》的相关规定也应当符合《中华人民共和国安全生产法》《中华人民共和国民用航空法》《民用爆炸物品安全管理条例》等法律、行政法规；《条例》对有关行政处罚的规定，还要遵循《中华人民共和国行政处罚法》的原则和精神。因此，这些法律、行政法规都是《条例》的立法依据。《条例》在起草过程中充分考虑了新时期人工影响天气工作出现的新情况、新问题，在依据上位法的前提下，也注意与《山东省气象灾害防御条例》《山东省气象设施和气象探测环境保护条例》等有关地方性法规的内容进行充分衔接，以保证法规体系内容的统一性和严肃性。

根据《中华人民共和国立法法》第八十条规定："省、自治区、直辖市的人民代表大会及其常务委员会根据本行政区域的具体情况和实际需要，在不同宪法、法律、行政法规相抵触的前提下，可以制定地方性法规。"地方性法规是国家法律、行政法规的延伸、补充和具体化，是中国特色社会主义法律体系重要的、有机的组成部分。地方立法要如实反映形势的发展，反映国情、省情，切实符合工作和实际需要，解决本地实际问题，体现地方特色。《条例》正是按照我国的立法体制，从山东省实际出发，对国家法律、行政法规进行了补充和细化。

同时，《条例》又充分吸收了党中央、国务院和山东省人民政府关于人工影响天气工作的一系列方针政策，特别是《国务院办公厅关于进一步加强人工影响天气工作的意见》（国办发〔2012〕44 号）、《国务院办公厅关于推进人工影响天气工作高质量发展的意见》（国办发〔2020〕47 号）、《山东省人民政府关于推进人工影响天气工作高质量发展的实施意见》

(鲁政办发〔2020〕9号）等重要文件精神，并加以概括总结，上升为具有普遍约束力的法律规定。

（二）事实依据

事实依据是指立法中所依据的具体社会状况或者独特的客观状态，是决定立法是否具有针对性和可操作性的重要条件，是法规发生效力、发挥作用的客观依托。《山东省地方立法条例》第六条规定："地方立法应当符合本省的具体情况和实际需要，突出地方特色，注重实效。"《条例》将立法事实依据概括为"结合本省实际，制定本条例"。

第二条 在本省行政区域内从事人工影响天气活动，应当遵守本条例。

本条例所称人工影响天气，是指为避免或者减轻气象灾害，合理利用气候资源，在适当条件下通过科技手段对局部大气的物理、化学过程进行人工影响，实现增雨雪、防雹、消减雨雾、防霜等目的的活动。

【释义】 本条是关于《条例》适用范围、人工影响天气的定义的规定。

一、适用范围

法的适用范围也称法的效力范围，是指其适用的空间、时间、人、行为和物等，一般包括法的空间效力范围、法的时间效力范围、法的对人的效力范围和对事的效力范围。

（一）空间范围

《条例》适用的空间范围即地域范围，地方性法规的效力及于本行政区域范围内。山东省现辖16个设区的市，《条例》作为省人大常委会制定的地方性法规，在上述行政区域内具有法律效力。

（二）时间范围

法的时间效力范围一般在法规的附则部分单独规定。

（三）对人的效力范围

《条例》对人的适用主要包括人工影响天气活动相关主体。一是从事人工影响天气等有关活动的单位和个人。《条例》中涉及的从事人工影响天气等有关活动的主体众多，主要包括：作业单位、作业设备生产单位、弹药运输单位、弹药储存单位等，还涉及乡镇人民政府、街道办事处以及与人工影响天气工作相关的公民、法人和其他组织等。《条例》作为一种行为规范，一方面为人工影响天气活动中的行政管理相对人提供了可以遵守的行为规则，另一方面也规定了其违反法定义务的法律后果。二是对人工影响天气活动实施监督管理的政府及其主管部门和机构。《条例》中涉及的对人工影响天气活动实施监督管理的包括：县级以上人民政府、县级以上气象主管机构以及发展改革、工业和信息化、公安、财政、自然资源、生态环境、交通运输、水利、农业农村、应急管理、民航和航空管制等部门、单位。《条例》规定了上述机关、机构的职责和权限，为其依法行政、履行监督管理职权提供了依据。

（四）对事的效力范围

《条例》在国务院《人工影响天气管理条例》的框架和规定基础上，根据近年来党中央、国务院相关文件对人工影响天气管理工作提出的新要求，结合山东省人工影响天气发展和安全管理工作的实际，对人工影响天气活动相关监管职责、作业点建设、作业规范、弹药储存、安全管理等方面进行了细化规定，《条例》适用的事项范围主要包括人工影响天气规划建设与组织实施、安全管理与应急处置、法律责任等事项及相关管理活动。

二、人工影响天气的定义

本条第二款对“人工影响天气”的概念进行了界定。《条例》作为地方性法规，对山东省内从事人工影响天气活动的一切组织和个人都具有约束力。任何组织和个人能否自觉遵守法规规定，很大程度上取决于对法规条文理解和认识，取决于对法规调整对象的理解程度。人工影响天气工作专业性、技术性较强，其概念比较专业，在日常生活中不常见，而本《条例》又是针对人工影响天气工作的管理制定的。因此，为了避免对“人工影响天气”这一专业术语产生歧义或者有不同理解而影响《条例》的贯彻执行和遵守，《条例》重申了《人工影响天气管理条例》关于人工影响天气的定义，即“本条例所称人工影响天气，是指为避免或者减轻气象灾害，合理利用气候资源，在适当条件下通过科技手段对局部大气的物理、化学过程进行人工影响，实现增雨雪、防雹、消减雨雾、防霜等目的的活动。”这里所说的人工影响天气，是在局部范围内进行的人工影响局部天气的作业活动。需要说明的是，《条例》规定的“人工影响天气”的定义，只是为了便于《条例》的实施，学术研究活动中使用的专业名词不一定与《条例》规定保持一致。

第三条 人工影响天气工作应当坚持以人为本，遵循政府主导、统筹协调、科技引领、安全规范的原则。

【释义】本条是关于人工影响天气工作基本原则和要求的规定。

中华人民共和国成立以来，党和国家许多关于气象工作的总体原则、基本方针和要求都是通过不同形式的规范性文件予以体现的。如《国务院办公厅关于进一步加强人工影响天气工作的意见》（国办发〔2012〕44 号）提出，人工影响天气工作的总体要求是“坚持以人为本，把保障人民群众生命财产安全放在首位，积极开展人工影响天气作业，最大限度降低灾害损失。坚持科技创新，不断提高作业效率。坚持依法规范，确保作业安全有序。坚持统筹规划，调动各方力量，推动人工影响天气工作协调发展”。《条例》在认真总结各级人民政府、有关部门和单位在防御气象灾害各项工作经验和教训的基础上，将其高度概况为“坚持以人为本，遵循政府主导、统筹协调、科技引领、安全规范”的原则，上升为有普遍约束力的法律规定，具有十分重要的意义。

一、以人为本

以人为本，是指在经济社会发展过程中，以实现人的全面发展为目标，把人民的利益作为一切工作的出发点和落脚点，不断满足人民群众的多方面需求，让发展的成果惠及全体人民。人工影响天气是新时期促进人与自然和谐发展的重要事业，其本质和目的是为了趋利避害，以人民为中心的发展思想是人工影响天气工作的根本出发点和落脚点。

二、政府主导、统筹协调

人工影响天气工作是一项涉及面广的系统工程，需要政府统一领导，协调各方。近年来，在省政府的统一领导下，山东省气象局与省政府办公厅、省财政厅、省发展改革委、省教育厅、省科技厅、省工业和信息化厅、省公安厅、省自然资源厅、省生态环境厅、省住房和城乡建设厅、省交通运输厅、省水利厅、省农业农村厅、省文化和旅游厅、省卫生健康委、省应急厅、省广电局、山东海事局、山东能源监管办、山东银保监局、省通信管理局、中国铁路济南局集团有限公司、省烟草专卖局、济南国际机场有限公司等部门、机构建立了人工影响天气综合协调机制，与空军参谋部航空管制局、北部战区空军参谋部航管处、中部战区空军参谋部航管处、东部战区空军参谋部航管处、空军济南基地航管气象处、91286部队航管气象处、民航山东空管分局、青岛空管站等航空管制部门建立了空域申请机制，与农业农村、水利、自然资源、生态环境、应急管理等部门建立了实施人工影响天气作业所需的灾情、水文、火情、生态环境等资料共享机制，多部门联动的人工影响天气工作综合协调机制已初步建立。因此，为了进一步巩固和健全人工影响天气工作机制，《条例》规定县级以上人民政府应当加强对人工影响天气工作的领导，遵循“政府主导、统筹协调”的原则，在各级人民政府的统筹协调下，科学规划，统筹资源，避免因部门协调配合不畅通等因素影响人工影响天气工作总体效益的发挥，推动形成政府主导、部门联动、军地协同、齐抓共管的人工影响天气工作格局，形成工作合力。

三、科技引领

实施人工影响天气作业是一项复杂的系统工程，涉及多学科、多领域，如卫星、雷达、观测、预报等。自20世纪50年代我国开展人工影响天气科研和实验工作以来，经过几代人工影响天气科技工作者刻苦攻关，人工影响天气领域取得了一大批科研成果，先后获得了多项国家级、省部级科技进步奖，2005年还获得了世界气象组织人工影响天气奖。但是，人工影响天气仍属于发展中的学科，在未来的发展过程中还需不断改进和完善，特别是在云水资源评估、作业条件监测预报、作业催化、效果检验和效益评价等关键技术上有待突破。因此，人工影响天气工作应当遵循“科技引领”的原则，把科技创新作为引领发展的第一动力，通过加强人工影响天气基础理论和应用研究，开展人工影响天气工作相关降水降雹机制、人工增雨雪外场观测试验、催化作业及效果检验、新型观测资料、数值模式应用等科学研究，推进人工智能、大数据、互联网等新技术应用，加快科技成果转化应用，不断提升人工影响天气工作质量和效益。

四、安全规范

安全生产是一切工作的前提和基础，安全生产是底线、红线，更是生命线。坚持安全规范就是要求在人工影响天气活动中始终把保证广大人民群众的生命和财产安全放在第一位。习近平总书记强调要“树立安全发展理念，弘扬生命至上、安全第一的思想，健全公共安全体系，完善安全生产责任制，坚决遏制重特大安全事故，提升防灾减灾救灾能力”。由于人工影响天气作业方式和手段的特殊性，实施作业使用的飞机、火箭发射装置、高射炮、燃烧炉等设备设施的安全管理和标准规范有更高的要求。近年来，在人工影响天气作业点布设、弹药储存和运输、空域申请、作业公告、人员培训、安全射界等方面已经制定出台了一系列国家标准、气象行业标准和技术规范，各级气象部门制定出台了《国家级和省级人工影响天气安全责任清单》《人工影响天气安全管理规定》《人工影响天气废旧装备及弹药管理办法》《山东省人工影响天气安全管理实施细则》等制度文件，初步形成了责任明确、操作规范、制度严格、措施到位的人工影响天气安全生产监督管理体系，使得人工影响天气作业和安全监管有章可循，对于提高人工影响天气风险防范和安全作业能力具有重要意义。因此，遵循“安全规范”的原则是人工影响天气工作的必然要求。

第四条 县级以上人民政府应当加强对人工影响天气工作的领导，将人工影响天气工作纳入国民经济和社会发展规划，建立完善人工影响天气综合协调机制，加强人工影响天气规范化、标准化建设，统筹解决人工影响天气工作中的重大问题。

县级以上人民政府应当将人工影响天气工作所需经费纳入本级财政预算。

【释义】本条是关于县级以上人民政府人工影响天气工作领导职责的规定。

根据《中华人民共和国气象法》的规定，气象部门的领导管理体制是“国务院气象主管机构负责全国的气象工作。地方各级气象主管机构在上级气象主管机构和本级人民政府的领导下，负责本行政区域内的气象工作”。1992 年，国务院《关于进一步加强气象工作的通知》（国发〔1992〕25 号）明确人工影响天气工作属于地方气象事业，应当由地方各级人民政府领导。《中华人民共和国气象法》第三十条也规定：“县级以上人民政府应当加强对人工影响天气工作的领导，并根据实际情况，有组织、有计划地开展人工影响天气工作。”本条在国家政策和法律法规规定的基础上，结合实际进一步明确了县级以上人民政府在人工影响天气工作中的领导和协调职责，包括将人工影响天气工作纳入国民经济和社会发展规划，建立完善综合协调机制，加强人工影响天气规范化、标准化建设，统筹解决重大问题，将人工影响天气工作所需经费纳入本级财政预算等。这些规定是对县级以上人民政府在领导人工影响天气工作时提出的基本要求，也是人民政府领导和加强人工影响天气工作所必须遵守的法定职责。凸显人民政府的领导地位，根本目的是在分工负责的基础上，进一步强化综合领导、统一指挥和协调联动。

从实际需求看，随着经济社会的快速发展，地方人民政府在制定国民经济和社会发展规划过程中，应当统筹考虑防灾减灾工作的需要，将人工影响天气工作纳入国民经济和社会发展规划，为高质量发展提供有力支撑。因此，《条例》规定：“县级以上人民政府应当将人工影响天气工作纳入国民经济和社会发展规划。”在上述规定的基础上，《条例》强调建立完善人工影响天气综合协调机制，加强人工影响天气规范化、标准化工作等内容，主要考虑以下几点：

一、建立完善的人工影响天气综合协调机制

建立完善沟通、会商、通报等制度，解决人工影响天气工作相关部门职责衔接的具体问题。2013 年，成立了山东省气象灾害防御及人工影响天气工作领导小组，分管副省长任工作领导小组组长，成员涵盖 25 个相关部门和单位。在各级人民政府的统筹协调下，气象、发展改革、工业和信息化、公安、财政、交通运输、应急管理、民航和航空管制等部门和单

位通力合作，通过建立定期协调会议制度以及人工影响天气安全管理信息互通共享、空域使用、应急处置等综合协调机制，在各级人民政府的领导下共同做好人工影响天气相关工作。

二、加强人工影响天气规范化、标准化工作

人工影响天气作业专业性、技术性较强，在站点规划、作业指挥、空域使用、作业设施、弹药运输和储存、报废销毁等各环节都需要严格规范的组织实施程序，需要依据法律法规、技术标准实施规范化、标准化管理，这些规范化、标准化工作离不开政府的领导和协调。

三、统筹解决人工影响天气工作中的重大问题

坚持“一盘棋”的思想统筹规划全省人工影响天气工作，统筹协调人工影响天气作业时间和空间安排，推动形成上下衔接、分工协作、区域协调的工作机制，进一步提高作业能力和服务效益。对人工影响天气工作中存在的弹药储存、运输等现实问题，《条例》立足现实、回应现实进行了规定，将实践中行之有效的做法上升为法律规范，力求在确保安全的前提下，使人工影响天气作业惠及更多群众、惠泽更广区域。

四、明确人工影响天气工作的投资渠道

气象事业是服务经济建设、国防建设、社会发展和人民生活的基础性公益事业，人工影响天气工作是气象事业的重要组成部分。多年来，山东气象工作始终把保护人民生命财产安全和为社会主义现代化建设服务作为宗旨，并直接面向全省经济社会发展和公众生活的需要，在政府决策、防灾减灾、工农业生产、资源开发和环境保护等许多方面开展服务，取得了显著的社会、经济和生态效益。《中华人民共和国气象法》规定：“县级以上人民政府应当加强对气象工作的领导和协调，将气象事业纳入中央和地方同级经济和社会发展计划及财政预算，以保障其充分发挥为社会公众、政府决策和经济发展服务的功能。”《人工影响天气管理条例》规定：“按照有关人民政府批准的人工影响天气工作计划开展的人工影响天气工作属于公益性事业，所需经费列入该级人民政府的财政预算。”2021 年，山东省人民政府办公厅印发的《关于推进人工影响天气工作高质量发展的实施意见》（鲁政办发〔2021〕9 号）明确要求，“各级政府要完善财政投入机制，将人工影响天气工作相关经费列入当地预算。加强人工影响天气能力建设、业务运行、科学试验、科研攻关等项目支持和经费投入。”

第五条 县级以上气象主管机构在本级人民政府的领导和协调下，负责本行政区域人工影响天气工作的组织实施和指导管理。

发展改革、工业和信息化、公安、财政、自然资源、生态环境、交通运输、水利、农业农村、应急管理、民航和航空管制等部门、单位，应当按照职责分工做好人工影响天气的相关工作。

乡镇人民政府、街道办事处应当协助做好本辖区人工影响天气相关工作。

【释义】本条是关于明确人工影响天气工作组织管理的主体部门和政府有关部门、单位以及乡镇人民政府、街道办事处有关职责的规定。

本条共分 3 款，从 3 个层面确立了人工影响天气工作中的职责分工。

一、县级以上气象主管机构的职责

主要是在本级人民政府的领导和协调下，负责本行政区域人工影响天气工作的组织实施和指导管理。人工影响天气工作是气象灾害防御工作的重要组成部分，它属于大气科学的范畴，是云雾物理学在气象工作实践中的具体应用。为了有效开展人工影响天气作业，达到防灾减灾的目的，《中华人民共和国气象法》和《人工影响天气管理条例》都明确人工影响天气工作由气象主管机构组织实施和指导管理，以保障人工影响天气工作在防御气象灾害中的作用能够充分发挥。气象主管机构的组织实施和指导管理，主要包括制定人工影响天气工作计划；建立健全人工影响天气作业指挥、安全管理、天气监测预警、通信、信息处理和作业效果评估等系统；会同有关航空管制部门确定人工影响天气作业点；申请作业空域和时限、进行作业公告、指挥作业实施；指导跨区域协同作业；会同有关部门开展人工影响天气安全检查等，以保证人工影响天气工作的顺利开展和进行。

二、政府有关部门、单位的职责

主要是按照各自职责分工做好人工影响天气的相关工作。这些部门和单位主要包括发展改革、工业和信息化、公安、财政、自然资源、生态环境、交通运输、水利、农业农村、应急管理、民航和航空管制等。人工影响天气工作涉及面广，需要多个部门共同参与，而且随着人工影响天气工作的不断发展，在实施人工影响天气作业的过程中，更需要有关部门的配合与协作。如人工影响天气作业飞机的驻场和飞行，需要民航部门支持和保障；人工影响天气作业点及作业空域的批准需要航空管制部门确定；人工影响天气使用的炮弹、火箭弹等燃爆器材属于民用爆炸物品，其生产、储存和运输等环节的安全管理需要工业和信息化、公安、交通运输等部门分工负责；人工影响天气防灾减灾方案的制定，需要自然资源、生态环境、水利、农业农村等部门提供的灾情、水文、火情等资料为依据，使人工影响天气作业在防灾减灾中有的放矢；人工影响天气专项规划的编制，需要发展改革、财政、农业农村、应急管理等部门参与。只有多部门通力合作，形成有效的协作机制，才能保证人工影响天气工作正常顺利进行。

三、乡镇人民政府、街道办事处的职责

主要是协助做好本辖区人工影响天气相关工作。实践中，人工影响天气作业点多设置在乡镇的非人员密集区，人工影响天气作业实施过程中的很多具体工作需要乡镇人民政府、街道办事处来配合或者完成，包括作业点的保护、作业现场秩序维护、人员管理等。《条例》第二十三条规定："任何组织和个人不得侵占人工影响天气作业场地，损毁、擅自移动人工影响天气作业设施、设备。新建、改建、扩建建（构）筑物的，不得影响人工影响天气作业点作业安全。"因此，明确乡镇人民政府、街道办事处协助做好本辖区人工影响天气相关工作职责，有利于充分发挥人工影响天气作业点所在地乡镇人民政府、街道办事处的积极作用。

第六条 鼓励和支持人工影响天气科学研究和先进技术的推广应用。

气象主管机构和有关部门应当组织开展人工影响天气在防灾减灾、应对气候变化、生态系统保护与修复、农业生产安全保障和云水资源开发利用等方面的研究，提高人工影响天气作业水平和效益。

【释义】本条是关于人工影响天气的科技研究、推广以及研究领域的规定。

人工影响天气是一门发展中的科学，其工作水平、作业效果与相关领域科学技术的发展和应用密不可分。1956 年，毛泽东主席在最高国务会议上指出："人工造雨是非常重要的，希望气象工作者多努力。"随后，国家成立了由钱学森负责的云雾物理研究试验小组，我国一大批科学家投身到人工影响天气的科研工作中。20 世纪 60 年代，雨滴谱仪、雷达、云含水量仪等观测设备研制成功，促进了云降水的科学研究，各地陆续开展增雨和防雹试验；80 年代，我国飞机人工增雨装备由战斗机换装成了装有探测仪器的专业飞机，可以实时掌握云层变化，"土火箭"也发展成了高性能火箭，大大提升了地面作业能力。2015 年，国产高性能增雨飞机"新舟 60"投入运行，与地面高射炮、火箭发射装置、烟炉有机结合形成立体作业系统。可以说，人工影响天气工作的发展离不开科技创新和新技术的推广应用，鼓励和支持人工影响天气科学研究和先进技术推广应用，是人工影响天气工作可持续发展的内生动力，也是提升人工影响天气作业效果的重要支撑。

本条第一款规定，鼓励和支持人工影响天气科学研究和先进技术的推广应用，既是对各级人民政府和有关部门提出的要求，也是对公民、法人和其他组织提出的要求，各方主体都应当高度重视、支持和参与人工影响天气科学技术研究与新技术的推广应用工作。一是开展人工影响天气关键技术攻关研究，包括催化技术方法、新型探测设备和资料的应用开发、效果评估检验方法、数值模拟、作业方案优化设计等。"九五"以来，山东省先后承担完成了国家"九五"重点科技攻关项目子专题、科技部"山东省人工增雨作业技术研究"和中国气象局新技术推广项目"地市级人工影响天气业务技术系统"、国家重点研发计划项目子课题、国家自然科学基金、中国气象局云雾物理环境重点开放实验室开放课题等科研项目，部分研究成果已在业务中应用，获山东省科技进步二等奖 5 项、三等奖 5 项。"远程控制人工影响天气火箭自动化作业系统"获 3 项国家专利。1996 年以来，山东省先后组织开发的具有山东特色的"飞机人工增雨作业综合技术系统"和"人工影响天气综合业务系统"，在人工影响天气作业指挥、作业决策、航线设计、效果检验等方面发挥了重要作用。二是建立人工影响天气试验研究基地。人工影响天气是一门试验性科学，试验周期长、难度大。在具备一定条件的试验研究基地开展长期、稳定、有科学设计的试验研究工作，是突破关键难题、取得重大科研成果的重要途径。为研究人工影响天气作业效果，2014 年以来，山东省参加了气象行业专项"人工增雨随机化外场试验和效果检验技术研究"，在东平湖持续开展火箭增雨随机化试验。2022 年，滨州市人民政府与山东省气象局、中国气象局人工影响天气中心、中国科学院大气物理研究所共建黄河三角洲人工影响天气试验基地，开展黄河三角洲人工防雹、增雨技术研究，助力黄河流域生态保护和高质量发展。三是推广应用先进技术。人工影响天气是一门发展中的科学，在发展过程中离不开新技术的应用与推广，在人工影响天气领域推广应用先进技术，是把科研成果迅速转化为生产力的重要措施，是依靠科学技术促进人工影响天气工作安全、有效发展的重要环节。1993 年，省人降办（现为山东省人民政府人工影响天气办公室）引进碘化银发生器，飞机增雨催化手段由人工播撒干冰改为电动控制播撒碘化银，大大提高了催化效率和作业效果；2001 年，潍坊增雨基地安装 PC-VSAT 卫星数据接收站，使作业外场也可接收分析气象信息，提高了外场作业决策能力；2009 年应用北斗卫星通讯系统，实现了增雨飞机实时监控、定位；2016 年以来持续推进全省高射炮自动化改造，实现人炮分离，提高作业安全性；2018 年，应用搭载国际先进云物理探测仪器的高性能“空中国王 350”飞机，更加科学地开展全省增雨、探测；近年来，利用装有卫星导航定位器的火箭弹获取的弹道偏差数据和作业过程中故障火箭弹落点调查数据研究，制定的人工影响天气高射炮、火箭发射装置作业点安全射界图绘制技术的推广应用，大大提升了人工影响天气安全作业水平。

本条第二款对气象主管机构和有关部门组织开展的人工影响天气研究方向和目的进行了规定。研究方向主要包括防灾减灾、应对气候变化、生态系统保护与修复、农业生产安全保障和云水资源开发利用等方面。研究目的是为了进一步提高人工影响天气作业水平和效益。近年来，山东省在人工影响天气研究方面取得了一些进展，例如，依托由滨州市人民政府与山东省气象局、中国气象局人工影响天气中心、中国科学院大气物理研究所共建的黄河三角洲人工影响天气试验基地，利用高性能机载探测平台、地基综合观测网，开展积层混合云宏微观物理结构、微物理参数分布特征和降水机制等方面的研究，推进气象多源数据融合分析、云降水数值模拟、智能网格预报等技术应用，开展基于多源观测资料、结合数值模拟及冰雹灾害调查和人工防雹作业外场试验和效果检验方法研究，开展冰雹云结构及大冰雹形成机制研究，建立作业潜力区识别方法和作业指标体系，加强数值模式应用，推进人工智能、大数据、互联网等新技术应用等。同时，发挥高校、科研院所等单位技术、资源优势，深入开展云物理结构、降水降雹机制基础研究，着力解决云水资源评估、作业条件监测预测、智能识别、催化作业、效果检验等核心技术问题。

第七条 县级以上人民政府和有关部门应当加强对人工影响天气的科普宣传，提高社会公众对人工影响天气的科学认识。

对在人工影响天气工作中做出突出贡献的单位和个人，县级以上人民政府应当给予奖励。

【释义】本条是关于人工影响天气科普宣传和奖励的规定。

本条第一款规定了人工影响天气科普宣传制度。人工影响天气是指在适当的天气条件下，通过人工干预，使天气过程发生符合人类愿望的变化，是在认识自然的基础上更好地利用自然。自然过程所涉及的能量是十分巨大的，如一次风暴凝结的水量约为 1000 万吨的量级，其凝结潜热为 2.5×10^{16} 焦耳，相当于燃烧 480 万桶石油的热量。台风中的水汽每分钟释放的潜热，相当于爆炸 20 个百万吨级核弹所放出的能量。如果直接耗费如此巨大的能量来制造或消灭一个天气过程，实际上是不大可能的，经济上也不合算。所以需要在科学研究的基础上，寻找自然天气过程中可利用的条件，根据自然过程的规律，找到影响自然过程发展和转折的关键点，用少量的耗费促使它们向预定方向转化。人工影响天气的途径，主要是利用云的微物理过程。例如在温度低于 0 ℃的云中存在着大量未冻结的云滴，利用播撒成冰催化剂可使云滴转化为冰晶并释放潜热，从而改变云的微物理过程和热力、动力结构。用这种方法进行人工影响天气，耗费比较小，效益可能很大。因此，在人工影响天气工作中，科普宣传发挥着重要作用。一方面，通过加强人工影响天气的科普宣传，如宣传普及人工影响天气作业原理和方法、催化剂的使用和影响等知识，使社会公众可以正确认识和理解人工影响天气工作，凝聚推动和发展人工影响天气工作的社会共识；另一方面，在人工影响天气应急处置过程中，除了政府、有关部门要采取应对措施之外，社会公众也应当掌握应急处置的知识，避免安全事故发生，这也需要通过科普宣传的方式进行广而告之。因此，本款要求县级以上人民政府和有关部门要加强对人工影响天气的科普宣传，提高社会公众对人工影响天气的科学认识。

本条第二款规定了人工影响天气奖励制度。人工影响天气在服务农业生产、缓解水资源紧缺、防灾减灾、保护生态等方面发挥着重要作用，责任重大，使命光荣，对在人工影响天气工作中做出突出贡献的单位和个人给予奖励，对促进人工影响天气工作有着十分重要的现实意义。《中华人民共和国气象法》第七条第三款规定："对在气象工作中做出突出贡献的单位和个人，给予奖励。"《人工影响天气管理条例》第七条第二款规定："县级以上地方人民政府应当组织专家对人工影响天气作业的效果进行评估，并根据评估结果，对提供决策依据的有关单位给予奖惩。"因此，《条例》依据上位法的规定，明确了人工影响天气工作奖励制度，只要是在人工影响天气工作中做出突出贡献的，无论是单位还是个人都应当给予奖励。

第二章 规划建设与组织实施

本章是为规范人工影响天气工作的规划建设与组织实施而设置的。加强对人工影响天气工作的统筹规划和组织实施，有利于提高人工影响天气精准作业水平和实施效果。

本章共十三条，主要包含三方面内容：一是从制定规划计划、确定作业点布局等方面规定了人工影响天气的规划布局；二是对作业指挥系统建设、空域申请、作业公告、作业要求及作业档案制度等提出了保障性措施要求；三是明确了人工影响天气作业中的信息通报与协作配合以及跨区域作业的组织实施机制。

第八条 设区的市以上人民政府应当组织气象主管机构和发展改革、财政、农业农村、应急管理等部门编制人工影响天气专项规划。

人工影响天气专项规划应当包括基础设施、科技支撑、队伍建设、安全管理、重点工程、保障措施等内容。

【释义】本条明确了设区的市以上人民政府在人工影响天气专项规划编制工作中的职责和专项规划包含的主要内容。

一、人工影响天气专项规划编制

本条第一款规定了人工影响天气专项规划的编制层级和编制部门。人工影响天气专项规划是统一部署一定时期内人工影响天气工作的指导性文件，是政府依法加强领导，落实有关政策，协调各部门工作，动员社会力量，开展人工影响天气工作的重要途径和手段。根据本地区气候资源特点、经济社会发展和生态文明建设实际需求，编制人工影响天气专项规划，明确人工影响天气工作在一定时期内的指导思想、原则和目标以及工作任务、措施，有利于人工影响天气工作在当地政府统一领导下协调、有序开展，更好地实现科学开发利用空中云水资源、防御和减轻气象灾害、改善生态环境的预期目标。本款规定，人工影响天气专项规划的编制层级为设区的市以上人民政府，主要是考虑到山东省人工影响天气的工作实际，以设区的市为单位编制规划，既符合各地人工影响天气工作建设发展需求，也有利于体现规划的宏观引领作用。同时，由于人工影响天气工作业务链条长、涉及面广，需要在政府统一领导下多部门通力合作，由设区的市以上人民政府组织编制，可以充分体现政府在人工影响天气工作中的领导地位和作用。一方面可以加强专项规划的组织实施，设区的市以上人民政府、各有关部门结合实际采取有力措施，确保专项规划各项任务落实；另一方面由气象主管机构和发展改革、财政、农业农村、应急管理等部门共同编制人工影响天气专项规划，有利于统筹资源，形成工作合力，确保专项规划顺利实施、人工影响天气工作有序推进。此外，按照《条例》第四条第一款关于将人工影响天气工作纳入国民经济和社会发展规划的规定，人工影响天气专项规划也应以国民经济和社会发展规划为主要依据，作为其中有关部分的扩充和延伸，与有关规划相衔接。

二、人工影响天气专项规划内容

不同时期或者不同地区的人工影响天气专项规划应当因时因地制宜，力求切合实际，便于实施。在通常情况下，人工影响天气专项规划应当主要包括基础设施建设、科技支撑、队伍建设、安全管理、重点工程、保障措施等内容。在基础设施建设方面，应当着力提升监测能力、作业能力和指挥能力，一是构建监测精密、技术先进的“天基—空基—地基”云水资源立体探测系统，为人工影响天气监测预警、指挥作业和效果评估提供基础支撑；二是加强高性能增雨飞机应用，推进火箭发射装置、高射炮、烟炉等作业装备自动化、标准化、信息化改造和列装，持续推进地面固定作业点标准化建设，探索大型无人机等人工影响天气作业新方式、新手段；三是持续推进人工影响天气指挥平台建设，建立智能识别、科学指挥、精准作业、定量评估的人工影响天气一体化业务系统。在科技支撑方面，应当注重完善人工影响天气科技创新体系，深入开展全球气候变化背景下的云降水和人工影响天气机理研究，开展人工影响天气科学试验，逐步提高科技水平和科技成果转化成效。在队伍建设方面，主要围绕科技攻关，加强人工影响天气科技创新团队和高层次人才队伍建设，统筹各类专业队伍集约发展，加强基层专业化作业队伍建设。在安全管理方面，着力健全部门紧密协作的联合监管机制，加强安全技术防范和信息化管理。在重点工程方面，应当围绕防灾减灾、农业生产、生态系统保护和修复等需求，明确重点工程建设任务。在保障措施上，应当充分发挥各级人民政府对人工影响天气工作的组织领导，建立部门间分工协作、统筹集约的人工影响天气工作机制，完善人工影响天气工作相关经费投入机制，加强对人工影响天气相关法律法规实施情况的监督检查，将人工影响天气科普宣传纳入国民素质教育体系。人工影响天气专项规划包含内容应当但不限于以上方面内容，专项规划应当与时俱进，根据经济社会发展、生态文明建设和科技发展等实际情况做出调整。

第九条 县级以上气象主管机构应当根据当地国民经济发展需求和人工影响天气专项规划，制定人工影响天气年度工作计划，报本级人民政府批准后实施。

县级以上人民政府应当组织对人工影响天气作业的效果进行科学评估，评估结果作为评价人工影响天气工作的重要依据。

【释义】本条规定县级以上气象主管机构以及有关部门、在制定人工影响天气工作计划及县级以上人民政府在组织效果评估工作中的职责。

一、人工影响天气年度工作计划

由于人工影响天气工作是一项复杂的系统工程，涉及多学科、多部门、多行业，需要周密计划。《中华人民共和国气象法》第三十条第一款规定：“县级以上人民政府应当加强对人工影响天气工作的领导，并根据实际情况，有组织、有计划地开展人工影响天气工作。”《人工影响天气管理条例》第五条规定：“开展人工影响天气工作，应当制定人工影响天气工作计划。人工影响天气工作计划由有关地方气象主管机构商同级有关部门编制，报本级人民政府批准后实施。”《人工影响天气管理条例》中规定的人工影响天气工作计划，主要是指短期计划，即年度工作计划。人工影响天气年度工作计划一般包含每年开展人工影响天气工作的主要任务、作业规模、作业区域和时段、科技支撑能力建设和安全管理措施等，既是贯彻实施人工影响天气专项规划的具体执行计划，也是年度开展人工影响天气工作的依据。由于人工影响天气专项规划由设区的市以上人民政府组织气象主管机构和发展改革、财政、农业农村、应急管理等部门编制，同时人工影响天气工作主要由气象主管机构具体组织实施和指导管理，因此，本条规定人工影响天气年度工作计划由县级以上气象主管机构编制，同时明确年度工作计划编制的依据是当地国民经济发展需求和人工影响天气专项规划。人工影响天气年度工作计划必须报本级人民政府批准后才能组织实施，这是人民政府领导人工影响天气工作基本职责的体现。

二、人工影响天气作业效果评估

人工影响天气如何组织作业才能获得最佳作业效果，是开展人工影响天气作业的前提。只有通过对人工影响天气作业效果进行评估，总结作业经验，才能及时改进、调整作业方式或作业方案，有效地抓住有利天气气候条件，最终达到预期的目的。为此，本条第二款明确规定县级以上地方各级人民政府应当组织对人工影响天气作业的效果进行科学评估。

人工影响天气作业效果的评估是一项极为重要而又复杂的科学技术工作，对作业效果进行评估，关键是将作业引起的变化同自然变化区分开来。一般采用以下方法：一是物理检验，即通过对云降水过程物理参量的综合观测，获得人工影响天气催化后可能发生的各项物理变化的证据。根据云和降水及其人工影响的物理机制，寻找相应的物理效应，如微物理效应或宏观动力效应，作为作业效果评估的指标，进而通过试验来检验人工影响是否显著改变这些指标。二是统计检验，采用作业影响时段影响区同对比区或对比时段的降水量和冰雹大小对比的方法，即根据作业物理条件科学、客观地确定影响区、影响时段和对比区、对比时段，用实测雨、雪、雹资料和一定科学方法作比较来评估作业效果，并进行置信度检验。多次作业的统计对比方法，主要是为了减少自然变化的影响，用一定的对比统计方法得出增雨雪和防雹的效果和它的置信度。采用这种方法，应根据当地实际情况，使用区域直观对比，时间序列、固定目标区、移动目标区、随机试验等多种方法。三是数值模式检验，采取在描述云降水过程的数值模式中增加人工播云参数化方案，通过定量预报催化与不催化情况下云的宏观、微观参量和地面降水，判断作业效果。本条规定的作业效果评估，既是一项科学技术工作，也是县级以上人民政府的职责，要求由县级以上人民政府组织开展。

第十条 县级以上气象主管机构应当建立健全人工影响天气指挥、安全管理、天气监测预警、通信、信息处理和作业效果评估等系统，提高人工影响天气科学指挥和精准作业水平。

【释义】本条规定县级以上气象主管机构在组织实施人工影响天气工作中，建立健全相关业务和安全管理等科技支撑系统的职责。

由于人工影响天气是建立在云与降水物理基础上的一门应用性科学技术，其作业方案设计、作业条件的判别、作业指挥、作业安全保障和作业效果的评估等，需要大量的实时天气预测预报、大气探测资料、天气系统演变动态信息等。同时，由于云降水过程的复杂性和人工催化的工程性与敏感性，人工影响天气工作涉及的领域已经不仅仅是云微物理，更涉及诸如天气动力、大气化学等大气科学各领域，乃至统计学、化学、材料学、光学、电学等领域。因此，人工影响天气是建立或正在建立于上述各学科发展基础之上的一项人工干预云降水过程而实现趋利避害目的的工程技术措施，需要相应的科技支撑。依托现代化的气象大数据云平台，建立健全融入基本气象业务体系的现代化人工影响天气业务和安全管理系统，为实施人工影响天气作业的科学决策、任务调度和安全监管提供技术支持，为开展人工影响天气作业快速响应、信息共享提供平台支撑，是有效开展人工影响天气工作的科技支撑和基础保障。以云物理精细分析为核心技术，增强云降水和作业条件监测预报能力、指挥调度能力、数据通信和信息处理能力、作业催化能力和效果评估能力，有利于提高人工影响天气科学指挥和精准作业水平。各级气象主管机构承担人工影响天气的组织实施和指导管理职责，应当建立健全人工影响天气相关业务和安全管理系统，提升科技支撑能力，提高风险防范能力，努力实现安全作业，充分发挥人工影响天气的效益。

第十一条 人工影响天气作业点由省气象主管机构会同有关航空管制部门统一确定，所需场地由当地人民政府予以保障。

县级以上人民政府可以根据当地气候特点、地理条件、人员密集度、交通、通信等，提出人工影响天气作业点布设需求。

人工影响天气作业点不得擅自变动。

【释义】本条是关于人工影响天气作业点的确定主体、原则以及保障、保护措施的规定。

一、人工影响天气作业点

人工影响天气作业点（以下简称作业点），是指利用高射炮、火箭发射装置等实施人工影响天气作业的场所，包括固定作业点和流动作业点。固定作业点是指有固定建（构）筑物、设备、观测仪器、作业装备、射击平台等的作业点。流动作业点是指具有射击平台、可移动作业装备但没有固定建（构）筑物的作业点。无论是固定作业点还是流动作业点，都需要有固定的经纬度位置和对空射击方位。

二、作业点确定主体

在作业点实施人工影响天气作业，需要对空射击，与航空安全密切相关，确定作业点时，需要了解、掌握当地净空区、航线和航路的确切位置和范围，不能在法律、法规规定的禁区内设立作业点。按照《中华人民共和国飞行基本规则》第二十六条关于设立对空射击点需经飞行管制部门同意的规定，各地在按规定提出人工影响天气作业点，并精确测量其经纬度后，需报省气象主管机构，由省气象主管机构会同航空管制部门统一确定；未经航空管制部门同意的，不得确定为作业点。同时，各地要与航空管制部门建立有效的通信联络，并严格执行空域申请制度。近年来，中国气象局和山东省气象局相继印发了《人工影响天气地面作业站点设置及运行基本条件（试行）》《山东省人工影响天气地面作业站点设置及运行基本条件实施细则（试行）》，更加明确规定了人工影响天气作业点设置原则、设置条件和运行保障措施。

三、作业点确定原则

20 世纪 90 年代以来，由于经济社会发展以及防灾减灾和生态文明建设的迫切需求，人工影响天气作业规模不断扩大，但是有些地方在开展人工影响天气工作设立高射炮、火箭发射装置等作业点时，有的没有分析当地的天气系统发生发展和移动规律、人口分布、交通和通讯便利等条件，布点不合理；有的没有考虑航路的位置，对空中飞行器的安全构成隐患。因此，本条规定了人工影响天气作业点的确定原则。

一是考虑当地气候特点和地理条件。从作业需求和技术角度出发，要对作业地区的气候特点、降水和降雹天气系统发生的频率、移动路径等进行科学分析，并对地形、地貌、周边环境等地理情况进行详细调查和分析。

二是考虑人口密集度、交通、通信等条件。作业点设立要避开人口密集区（城镇、村庄、学校等）、重要设施（油库、发电厂、化工厂、文物古迹、军事设施等）、交通要道（机场、航线、铁路、高速公路、国道等）。作业点应与公共道路连接便利，便于人工影响天气用弹药、装备及观测设备的运输以及人工影响天气作业人员的值班值守。同时，作业地气象主管机构与作业点之间要建立稳定可靠的通信连接，网络通信线路要有备份，通信设备应有专人值守。

三是体现政府是作业点设立的需求方。人工影响天气作为地方气象事业，主要是为地方社会经济发展和防灾减灾服务。《人工影响天气管理条例》第四条规定："人工影响天气工作按照作业规模和影响范围，在作业地县级以上地方人民政府的领导和协调下，由气象主管机构组织实施和指导管理。"因此，是否需要设立作业点，作业点的设置如何布局规划，需要由县级以上人民政府根据当地经济社会发展条件和防灾减灾需要统筹考虑，并保障作业点所需用地。气象主管机构应当配合当地政府组织做好作业点选址工作，对拟建站点开展气候条件、作业条件、安全条件的可行性论证等。

四、作业点保护要求

本条第一款、第二款明确了作业点确定程序的严格性和确定原则的复杂性。因为在作业点实施人工影响天气作业涉及安全，且固定作业点还需要有基础设施建设投入，保持作业点的相对稳定，是服务当地经济社会发展和强化安全管理的必要措施，因此，《条例》规定，人工影响天气作业点不得擅自变动。

第十二条 人工影响天气作业应当由人工影响天气作业单位依法实施。

人工影响天气作业单位应当具备下列条件：

（一）有符合国家技术标准和要求的作业设备；

（二）有符合安全管理规定的作业设备库房、弹药临时储存场所等设施；

（三）有经过专业培训合格的作业指挥、操作等作业人员；

（四）有完善的作业安全管理制度和作业设备的维护、运输、储存、保管等制度；

（五）省气象主管机构规定的其他条件。

【释义】本条是关于从事人工影响天气作业的单位条件的规定。

人工影响天气是一项涉及安全的高科技工作。开展人工影响天气作业不仅需要使用飞机、火箭发射装置、高射炮等作业设备，还需要具有掌握标准规范的作业人员、必要的安全技术手段和安全可靠的管理措施。因此，《条例》规定，人工影响天气作业应当由人工影响天气作业单位依法实施，并明确了山东省从事人工影响天气的作业单位应当具备的基本条件。

一是有符合国家技术标准和要求的作业设备。由于实施人工影响天气作业涉及航空器飞行安全，涉及高射炮、火箭发射装置等其他作业设备的安全使用和管理，涉及公众的生命财产安全等，因此，从事人工影响天气作业必须使用符合国务院气象主管机构要求的技术标准的作业设备，并遵守作业规范，这也是《中华人民共和国气象法》第三十条第三款中的规定。为了加强人工影响天气专用技术装备管理，国务院气象主管机构制定了《气象专用技术装备使用许可管理办法》，明确人工影响天气专用技术装备应当符合国家武器装备、民用爆炸物品的相关规定和国家有关强制性技术标准方可获得使用许可并用于人工影响天气工作中。

二是有符合安全管理规定的作业设备库房、弹药临时储存场所等设施。人工影响天气作业使用的高射炮、火箭发射装置等作业设备属于军民用火工类特殊产品，炮弹、火箭弹等燃爆器材属于民用爆炸物品。这些作业设备和燃爆器材在运输、储存、使用过程中稍有不慎随时都可能发生危及国家和人民生命财产安全的事故，所以人工影响天气作业单位要有符合安全管理规定的作业设备库房、弹药临时储存场所等设施。人工影响天气用炮弹、火箭弹的储存应当符合《人工影响天气炮弹运输储存要求》（QX/T 472—2019）和《人工影响天气火箭弹运输储存要求》（QX/T 493—2019）的有关规定，建立健全值班、交接、登记、检查、运输、保养等制度，做到无丢失、无损坏、无锈蚀、无霉变。严禁作业装置和弹药同放一个库房，不同类型的作业装置或弹药也必须分开存放。储存的库房要求干燥、阴凉、通风良好，要采取措施防潮、防爆、防雷、防火、防晒、防盗等。有关人员入库时，严禁携带任何引火物品，消除身体静电。炮弹、火箭弹临时储存场所仅限于在作业季节短时间存放，非作业季节，严禁在临时储存点存放。牢固树立“安全重于泰山”的意识，切实做到防患于未然。

三是有经过专业培训合格的作业指挥、操作等作业人员。从作业技术上讲，人工影响天气属于大气科学范畴，是建立在云和降水物理学基础上的一门发展中的高科技工作。人工影响天气作业是在适当的天气气候条件下，对适宜催化的云层通过人工影响促使云内的微物理结构或动力学结构发生改变，进而达到增雨雪、防雹等目的。人工影响天气作业不仅要求对作业实施方案设计、作业保障、作业条件判别以及作业效果评估等环节应当有严格的技术规范，而且对实施人工影响天气作业的指挥人员和具体操作人员的专业技术水平也有较高的要求。在实施人工影响天气作业过程中，作业人员应当掌握各级气象主管机构规定的作业规范和操作规程。《条例》在第三十一条中也对人工影响天气作业人员的相关要求进行了更加明确的规定。

四是有完善的安全管理制度和作业设备的维护、运输、储存、保管等制度。人工影响天气作业单位是实施人工影响天气作业的主体单位，承担安全生产主体责任。依据《中华人民共和国安全生产法》《人工影响天气管理条例》《山东省安全生产条例》等有关规定，作业单位应当在气象主管机构的指导管理下，加强安全生产管理，健全安全管理制度，强化作业设备维护、运输、储存、保管等各环节的安全管理，保障人工影响天气作业安全。

五是满足省气象主管机构规定的其他条件。《中华人民共和国气象法》第三十条第三款规定："实施人工影响天气的组织必须具备省、自治区、直辖市气象主管机构规定的条件……"《人工影响天气管理条例》第九条规定："从事人工影响天气作业的单位，应当符合省、自治区、直辖市气象主管机构规定的条件。"山东省气象局于 2019 年制定了《山东省人工影响天气作业单位审查办法》，其中，对于人工影响天气作业单位所应具备的条件也有较为明确的规定，如有关作业指挥人员的数量、作业点的安全等级、固定作业点的建设要求等。因此，《条例》依据上位法的规定，在明确人工影响天气作业单位所应具备的基本条件基础上，保留了"省气象主管机构规定的其他条件"，作为"兜底"条件。

第十三条 有下列情形之一，气象主管机构可以组织人工影响天气作业单位适时开展人工影响天气作业：

（一）出现干旱或者预计旱情持续加重的；

（二）可能出现危害农作物的冰雹天气的；

（三）发生森林火灾或者森林长期处于高火险等级时段的；

（四）重要生态系统保护和修复需要的；

（五）国家规定重大活动保障需要的；

（六）其他需要实施人工影响天气作业的情形。

实施人工影响天气作业，应当具备适宜的天气条件，充分考虑实际需要和作业效果。

【释义】本条是关于人工影响天气作业情形和应当具备的基本条件的规定。

一、可以组织开展人工影响天气作业的情形

人工影响天气工作是农业增雨雪抗旱和防雹减灾的重要保障，也是依靠科技开发气候资源，缓解水资源短缺和保护生态环境的重要手段。可以说，在气象综合防灾减灾抗灾各环节，人工影响天气都是重要措施之一。随着人工影响天气技术不断发展，人工影响天气在灾前防范、灾中抗御和灾后救援等各项工作中都将会发挥越来越重要的作用。本条结合实践，梳理明确了可以适时开展人工影响天气作业的具体情形。

一是出现干旱或者预计干旱持续加重的。山东区域性、季节性干旱灾害时有发生，严重威胁着乡村振兴特别是农业的稳定发展。人工影响天气增雨雪在农业抗旱中是比较经济的技术选择，不管是在促进农业生产稳定发展上，还是在保障乡村旅游等农村新业态发展中，人工影响天气都能发挥重要作用。2011 年初，山东发生了严重的秋冬春连旱，全省 3000 万亩[①]农田受旱，32 万人出现临时性吃水困难，全省各级气象主管机构组织开展了大规模飞机、火箭发射装置、高射炮联合人工增雨雪作业。其中，一次增雨过程同时使用 3 架飞机开展作业，各级人工影响天气部门投入的作业装备和人员、飞机作业架次、作业规模和影响范围等创山东省历年之最。

二是可能出现危害农作物的冰雹天气的。在防雹减灾中，人工影响天气是较为可靠的防控技术手段。山东是我国粮食主产区、设施农业集中区，冰雹灾害高发，防雹减灾需求巨大。山东冰雹多集中于 4—10 月，冰雹天气同时常伴随狂风、暴雨和雷击等灾害，不仅危害

① 1 亩≈666.67 平方米。

粮食生产安全，而且对设施农业、果品、烟叶、棉花等高价值农林作物和人民的生命财产安全带来严重危害。尤其当冰雹出现时，多正值农作物、果树、烟叶等生长或收获关键期，轻者可以造成大面积减产，重者可能造成绝收。如 2006 年“4·28”强冰雹过程，影响山东大部和江苏北部，局地冰雹直径达 2～3 厘米，仅山东因灾死亡 17 人，直接经济损失 16.5 亿元。目前，人工防雹几乎是减轻冰雹灾害的唯一手段，因此，当可能出现危害农作物的冰雹天气时，要及时组织开展人工影响天气作业，进行防雹减灾。

三是发生森林火灾或者森林长期处于高火险等级时段的。在发生森林火灾或者森林长期处于高火险等级时段时，通过科技手段对局部大气施加人为影响增加局地降水，是降低火险等级和减轻森林火灾损失的重要举措。例如，在扑救 2011 年“4·18”长清森林大火和“4·29”蒙山森林大火，2018 年“4·17”济南南部山区等多起森林大火中，省、市气象主管机构抓住有利天气过程，组织实施了空、地联合人工影响天气作业，为彻底扑灭火情起到了积极作用。

四是重要生态系统保护和修复需要的。水资源短缺成为影响山东省生态文明建设和经济社会发展的突出短板。通过人工影响天气，运用科技手段开发利用空中云水资源，成本低、效益好、潜力大，是增加水资源供给的有效途径。特别是在增加重要生态保护区域降水，补充江河湖库、湿地，增加降水净化空气等方面，其作用更是不可替代。围绕生态文明建设，根据山水林田湖草等生态保护和修复需求，建立生态修复型人工影响天气服务业务，加强常态化人工增雨雪作业，提高降水对生态系统修复的效用，有利于降低生态保护、修复和灾害防治成本。如济南市在南部山区持续多年实施火箭增雨雪作业，开发利用空中云水资源，涵养了山区水源，增加了泉水供给，为趵突泉等泉群的持续喷涌发挥了积极作用。

五是国家规定重大活动保障需要的。随着我国经济社会的发展，各种重大社会活动和重大突发事件对人工消减雨、雾等的需求不断增长，已成为人工影响天气工作的重要组成部分。重大活动保障涉及面广、时效性强、技术难度大、安全保障责任重，涉及作业指挥、空域调配、人影弹药储运、交通安全，需要在强有力的组织协调下，联合气象、军队、民航、公安、财政、交通、应急等部门共同努力配合完成。《大型活动气象服务指南 人工影响天气》（QX/T 492—2019）明确提到需要建立多部门协作保障机制。此外，我国目前的科技储备和作业能力主要集中在常规人工增雨雪、防雹两方面，其他方面作业的技术储备非常有限，需要相应开展多方面的基础研究，突破跨学科理论和技术瓶颈，增强特殊目的人工影响天气响应能力和技术储备，研发特种作业设备，建立配套业务体制机制，努力做到在关键时刻、关键地点发挥关键作用。对气象部门来说，每次重大活动人工影响天气保障几乎需举全国气象部门之力，动员国家、省、市、县气象部门力量共同参与，单纯依靠一个省的人工影响天气力量很难完成重大活动保障任务。因此《条例》明确国家规定重大活动保障需要的，气象主管机构可以组织人工影响天气作业单位适时开展人工影响天气作业。如 2009 年在山东举行的中华人民共和国第十一届运动会人工影响天气服务保障中，在省委省政府领导下，在当时济南军区空军航管、气象、民航空管等部门强有力的支撑保障下，在中国气象局人工影响天气中心和北京市人工影响天气办公室的科技支撑和作业飞机支持下，山东省气象主管机构和承担人工影响天气服务保障的相关市级气象主管机构团结协作，圆满完成了第十一届全国运动会开幕式人工影响天气服务保障任务。

二、组织实施人工影响天气应当具备适宜的天气条件

人工影响天气是采用人工催化等技术手段，选择合适的天气条件和有利时机，对大气中的物理过程施加影响，使局部地区的气象环境发生一定变化，以达到趋利避害目的的一种气象科技活动。选择适宜的天气条件是实施人工影响天气作业的前提和基础。适宜人工增雨雪作业的基本天气条件是要具备一定的降水潜力的降水云系，但是飞机增雨雪作业的天气条件和高射炮、火箭作业的天气条件有所不同，大范围的层状降水云系适宜于进行飞机以及地面高射炮、火箭增雨雪作业，对流性降水云系仅适宜进行高射炮、火箭增雨作业，而高射炮、火箭防雹作业主要针对可能产生降雹的强对流云进行。人工影响天气只有在适宜的天气气候条件下开展才能取得预期效果，人工增雨雪需要降水云层有一定的厚度，还要有持续的水汽输送和上升运动，需要云中有大量过冷状态的液态水但凝结核不足等条件。而晴天时不具备上述云层条件，即便有抗旱防灾需求，也无法开展作业。也就是说，人工增雨雪只是在自然降水基础上“锦上添花”，不能“无中生有”。为了确保人工影响天气作业能够有效实施，达到预期的作业效果，避免盲目作业，本条明确规定，在组织实施人工影响天气作业时，应当具备适宜的天气条件。这里既要求各级气象主管机构在组织实施人工影响天气作业时，必须尊重科学，严格按照作业要求和作业规程开展工作；又要求各级气象台站及其工作人员必须以高度的责任感和强烈的敬业精神，严密监视天气变化，随时提供天气变化信息；同时还要求具体作业人员在实施作业过程中必须严格服从指挥人员的指挥，确保人工影响天气作业的有效实施。

三、充分考虑实际需要和作业效果

开展人工影响天气作业的主要目的是防灾减灾和趋利避害。自1959年春，山东省为缓解干旱在济南和潍坊首次开展飞机增雨试验以来，人工影响天气工作在缓解农业干旱和水资源短缺、扑灭森林火灾、减轻冰雹灾害等方面发挥了重要作用，取得了显著的社会效益和经济效益。但是，人工影响天气还属于一门发展中的科学技术，还有许多问题需要进一步研究探索，开展人工影响天气作业也需要投入大量的人、财、物，涉及多方面安全要求，同时人工影响天气作业效果与天气气候条件密切相关。基于上述考虑，本条规定实施人工影响天气作业，要充分考虑实际需要和作业效果。各级人民政府以及各级气象主管机构应当从当地防灾减灾实际需要出发，因地因时开展人工影响天气工作，避免盲目作业。只有这样才能提高人工影响天气的作业效果，更好满足当地防灾减灾的需要。

第十四条 实施人工影响天气作业，应当预先申请空域和作业时限，经航空管制部门批准后方可实施。

利用高射炮、火箭发射装置实施人工影响天气作业，由作业点所在地的县级以上气象主管机构向有关航空管制部门申请空域和作业时限。

利用飞机实施人工影响天气作业，由省气象主管机构向有关航空管制部门申请空域和作业时限。

【释义】本条是关于实施人工影响天气作业空域申请的规定。

一、人工影响天气作业空域申请

《中华人民共和国民用航空法》第七十条规定："国家对空域实行统一管理。"第七十四条规定："民用航空器在管制空域内进行飞行活动，应当取得空中交通管制单位的许可。"《通用航空飞行管制条例》第十二条规定："从事通用航空飞行活动的单位、个人实施飞行前，应当向当地飞行管制部门提出飞行计划申请，按照批准权限，经批准后方可实施。"《人工影响天气管理条例》第十一条规定："利用高射炮、火箭发射装置实施人工影响天气作业，由作业地的县级以上地方气象主管机构向有关飞行管制部门申请空域和作业时限""利用飞机实施人工影响天气作业，由省、自治区、直辖市气象主管机构向有关飞行管制部门申请空域和作业时限……"依据上述规定，从事飞机、高射炮、火箭发射装置开展人工影响天气作业必须申请空域。

二、高射炮、火箭发射装置作业的空域申请主体

《中华人民共和国飞行基本规则》第二十六条规定："设立临时性靶场和射击点，经有关飞行管制部门同意后，由设立单位报所在省、自治区、直辖市人民政府和大军区审查批准。""固定或者临时性的对空射击场、发射场、炮兵射击靶场、射击点的管理单位，应当负责与所在地区飞行管制部门建立有效的通信联络，并制定协同通报制度；在射击或者发射时，应当进行对空观察，确保飞行安全。"根据该规定，本条第二款明确："利用高射炮、火箭发射装置实施人工影响天气作业，由作业点所在地的县级以上气象主管机构向有关航空管制部门申请空域和作业时限。"主要是考虑到，作业点所在地的县级以上地方气象主管机构是实施人工影响天气作业的主管部门，由其统一申请高射炮、火箭发射装置作业空域和作业时限，其他单位（包括从事人工影响天气作业的单位）不得自行向航空管制部门申请空域，这有利于加强作业和安全管理，提高申请工作的时效，及时把握作业时机。

三、飞机作业的空域申请主体

根据《中华人民共和国民用航空法》第七十条关于"国家对空域实行统一管理"和《中华人民共和国飞行基本规则》第十三条关于"空域的划设、调整，应当按照国家有关规定履行审批、备案手续"的规定，目前山东省飞机人工影响天气作业空域申请主要由省级气象主管机构每年向空军参谋部航空管制局申请，必要时根据具体情况向战区航管部门申请飞机作业使用空域。考虑到目前山东省利用飞机实施人工影响天气作业的实际情况和《人工影响天气管理条例》有关飞机作业空域申请主体的规定，本条第三款明确了利用飞机实施人工影响天气作业，由省气象主管机构向有关航空管制部门申请空域和作业时限。

第十五条 实施人工影响天气作业，作业地的气象主管机构应当根据具体情况提前公告。公告内容应当包括作业起止时间、作业区域、作业设备类型、发现故障弹药的处理方式、意外事故的报告方式等。

作业期间，人工影响天气作业单位应当在作业点显著位置设置警示标志。

【释义】本条是关于实施人工影响天气作业提前发布公告及在作业期间设置警示标志的规定。

一、作业公告发布

为预防意外事故发生，在实施人工影响天气作业前，作业地的气象主管机构应当通过广播、电视、报刊、网络等媒体，或通过张贴公告等方式，向社会和公众发布公告，告知人工影响天气作业起止时间、作业区域、作业设备类型、安全注意事项、发现故障弹药的处理方式、意外事故的报告方式等，同时注明公告发布单位、发布日期、联系电话等。发布作业公告，一方面增加社会公众对人工影响天气工作的认识和了解，通过向公众告知应注意的事项，提醒公众树立安全防范意识；另一方面增强人工影响天气作业安全管理的透明度，以便社会公众积极配合作业地的气象主管机构维护好作业安全秩序。需要说明的是，考虑到不同的人工影响天气作业方式的区别和差异，以及不同的作业需求所带来的作业时效问题，如有计划的人工增雨雪作业与应急性防雹作业在时效上有较大区别，应急性防雹作业无法做到在每次作业前进行公告。因此本条第一款规定的提前公告，由作业地的气象主管机构根据具体情况自行确定，并不是每次作业前都需要公告。实践中，作业地气象主管机构有的采取在年度作业时段开始前统一公告，有的采取在每一次具体作业计划实施前进行公告，有的同时使用前述两种公告方式。

二、警示标志设置

实施人工影响天气作业涉及航空器飞行安全，也涉及公民的生命财产安全。人工影响天气作业安全管理包括高射炮、火箭发射装置等作业装备的使用、维修维护等安全管理，作业用炮弹、火箭弹的运输、储存、使用等安全管理。实施人工影响天气作业时，作业设备应当与周边的人和物保持一定的安全距离，并做好相应的防护措施。本条第二款明确规定："作业单位应当在作业点显著位置设置警示标志。"履行安全警示、提示的任务，有利于切实保障人工影响天气作业安全。根据《人工影响天气地面作业站建设规范》（QX/T 329—2016）规定，作业点应设置作业公告和防火、防爆、防雷等警示标志。

第十六条 实施人工影响天气作业，应当在批准的空域和作业时限内，严格按照国家规定的作业规范和操作规程进行，并接受所在地气象主管机构的指挥、管理和监督，确保作业安全。

人工影响天气作业单位在作业过程中，收到停止作业的指令时，应当立即停止作业。作业结束后，所在地气象主管机构应当立即报告航空管制部门。

【释义】本条是关于人工影响天气作业单位安全实施人工影响天气作业的规定。

一、人工影响天气作业须在批准的空域和作业时限内进行

目前，航空业高速发展，空中航线日益密集，空中飞行活动十分频繁。无论是利用飞机还是利用高射炮、火箭发射装置实施人工影响天气作业，如果不在一定的空域和一定的时间内进行，或者擅自实施作业，就会危及航空器的安全，甚至酿成重大安全事故。根据《中华人民共和国飞行基本规则》第十九条关于"位于机场、航路、航线附近的对空射击场或者发射场等，根据其射向、射高、范围，可以在上空划设空中危险区或者临时空中危险区""在规定时限内，禁止无关航空器飞入空中危险区或者临时空中危险区”，第二十五条关于“靶场射击或者发射的方向、航空器进入目标的方向不得与航路交叉”，第三十九条关于“组织与实施通用航空飞行活动，必须按照有关规定履行报批手续，并向当地飞行管制部门提出飞行申请”等规定以及《通用航空飞行管制条例》第十二条关于“从事通用航空飞行活动的单位、个人实施飞行前，应当向当地飞行管制部门提出飞行计划申请，按照批准权限，经批准后方可实施”的规定，在实施人工影响天气作业之前，必须事先向航空管制部门提出作业空域和时限申请，经航空管制部门批复同意后才能实施作业；在实施作业过程中，要严格执行飞行管制部门所批准的作业空域和作业时限，不得随意变动。

二、实施人工影响天气作业应当严格按照国家规定的作业规范和操作规程进行

为了有效避免作业中可能出现的空中和地面责任性安全事故，使人工影响天气作业更加规范、科学和高效，作业单位在实施人工影响天气作业过程中，要严格遵守国务院气象主管机构规定的作业规范和操作规程。国务院气象主管机构于 2000 年向各省、自治区、直辖市下发了《飞机人工增雨（雪）作业业务规范（试行）》和《高炮人工防雹增雨作业业务规范（试行）》，这两个规范对实施作业应具备的基本条件、作业方案的设计和作业流程、催化剂的选择与使用、作业技术保障及作业效果评估等都进行了明确规定。另外，近年来，国家相继出台了相应安全规范和管理规定，如《人工影响天气安全 增雨防雹火箭作业系统安全操作要求》（QX/T 99—2019）、《人工影响天气作业用 37 mm 高炮安全操作规范》（QX/T 165—2012）、中华人民共和国民用航空行业标准《飞机增雨作业安全规范》（MH/T 1075—2020）、《人工影响天气安全管理规定》（2017 年修订）等。各级气象主管机构、作业单位和作业人员、指挥人员都应认真学习，熟练掌握这些规范、标准、规定中的具体内容，并在实施作业过程中严格遵守。

三、实施人工影响天气作业应当接受所在地气象主管机构的指挥、管理和监督

人工影响天气作业是在气象部门对天气的预测预报分析、对作业云系的实时跟踪监测基础上，由所在地气象主管机构根据作业目的和实际需求制定作业方案，经航管部门批准后，指挥各作业单位实施作业。随着人工影响天气作业指挥系统现代化建设水平的提高，以及计算机技术、探测技术、大数据平台等的建成和广泛应用，所在地气象主管机构充分利用上述先进技术和手段，在人工影响天气作业指挥和业务管理中发挥了重要作用。为了切实提高作业效率、确保作业各环节的安全，本条第一款明确规定实施人工影响天气作业，要接受所在地气象主管机构的指挥、管理和监督，以更好发挥所在地气象主管机构的作用并确保作业安全。

四、停止作业指令的执行与作业结束后的报告

为切实做到人工影响天气作业与其他各项任务安全有序开展，坚决杜绝飞机空中相撞和危险接近，防止地面对空装置误射航空器，在作业过程中，如果突然收到航空管制部门和所在地气象主管机构要求停止作业的命令，作业单位必须立即停止作业。同时，在实施作业过程中，要严格执行航空管制部门所批准的作业空域和作业时限，不得随意变动。作业结束后，气象主管机构应当立即向航空管制部门报告。未经批准，严禁作业。实施飞机人工增雨雪作业，同样要在批准的空域和时限内进行，并遵守空中交通管制规定。

第十七条 作业地气象台站应当及时无偿提供实施人工影响天气作业所需的气象探测资料、情报和预报，做好人工影响天气作业所需的气象保障工作。

农业农村、水利、自然资源、生态环境、应急管理等有关部门应当及时无偿提供实施人工影响天气作业所需的灾情、水文、火情、生态环境等资料。

利用飞机实施人工影响天气作业时，有关航空管制部门和机场应当在空域调配、飞机起降、备降和地勤保障等方面做好作业空域和飞机驻场保障工作。

【释义】本条是关于无偿提供人工影响天气作业所需资料和相关保障服务的规定。

一、气象台站应无偿提供人工影响天气作业所需的气象探测资料、情报、预报

由于人工影响天气是建立在云与降水物理学基础上的一门应用性科学技术，其作业方案设计、作业条件的判别、作业指挥、作业保障和作业效果评估等，不仅需要大量的实时天气预测预报、大气探测资料、天气系统演变动态信息，还要不断收集当地气象台站提供的其他气象信息和基本气象观测资料等，通过对作业前后气象资料的计算处理和综合分析，为实施人工影响天气作业和开展效果评估提供依据。因此，为了保证人工影响天气工作的有效、顺利进行，作业地气象台站应当主动做好人工影响天气工作的服务工作，及时无偿地提供实施人工影响天气作业所需的气象探测资料、情报、预报。本条第一款规定的气象台站，包括省内各级气象主管机构所属的气象台站和地方有关部门所属的气象台站。

二、农业农村、水利、自然资源、生态环境、应急管理等有关部门对人工影响天气作业所需资料的提供和保障

气象灾害是我国农业生产中最主要的灾害，人工影响天气已在防御干旱、冰雹、森林火灾等方面发挥重要作用，并受到各级人民政府的高度重视和社会的普遍关注。由于人工影响天气防灾减灾作业方案的制定，需要以有关部门提供的灾情、水文、火情、生态环境等资料为依据，使人工影响天气作业在防灾减灾中有的放矢。同时，利用农业农村、水利、自然资源、生态环境、应急管理等有关部门提供的相关资料，气象主管机构还可以对人工影响天气作业产生的实际效果进行客观地评价，总结经验，以提高整体作业效益。因此，本条第二款规定农业农村、水利、自然资源、生态环境、应急管理等有关部门应当及时无偿提供实施人工影响天气作业所需的灾情、水文、火情、生态环境等资料。

三、航空管制部门和机场应当为实施飞机人工影响天气作业提供保障

飞机实施人工影响天气作业既涉及到起降机场若干保障部门，如地勤部门、航行部门、机场气象部门、机场公安部门、消防部门、后勤部门等，还涉及若干备降机场的管理机构。因此，为了保障飞机人工影响天气工作及时、安全、顺利进行，本条第三款明确规定了有关航空管制部门和机场的义务。如实施飞机人工增雨雪作业期间，根据人工影响天气作业空域和时限，地面指挥部门和航行部门要及时、准确、连续地掌握作业飞机以及其他空中航空器的位置，严密监视航空器是否按照预定的航路、航线、飞行空域和高度飞行，同时地勤、消防等部门工作人员要进场待命，确保作业飞机在空中和地面的安全。

第十八条 需要跨设区的市、县（市、区）实施人工影响天气作业的，由相关设区的市、县（市、区）人民政府协商确定；协商不成的，由上一级气象主管机构商相关设区的市、县（市、区）人民政府确定。

省气象主管机构应当统筹本省空中云水资源的开发利用和人工防雹工作，指导跨设区的市、县（市、区）开展人工影响天气协同作业，提高人工影响天气作业效率。

【释义】本条是关于跨区域实施人工影响天气作业的协调机制、指导机制的规定。

《人工影响天气管理条例》第十四条规定："需要跨省、自治区、直辖市实施人工影响天气作业的，由有关省、自治区、直辖市人民政府协商确定；协商不成的，由国务院气象主管机构商有关省、自治区、直辖市人民政府确定。"本条是《人工影响天气管理条例》条款的细化，并根据山东省实际进行了补充。

一、跨区域开展人工影响天气作业的协调机制

在人工影响天气作业中，由于气候背景原因、天气系统的演变、地理环境的影响以及技术力量、作业装备的有限等，实践中常常需要进行跨设区的市、县（市、区）实施区域联合作业，以求取得最佳的作业效果。由于人工影响天气工作属于地方气象事业，是在当地人民政府的领导和协调下进行的，并直接为当地经济建设服务，其年度工作计划必须报本级人民政府批准后实施。因此，跨市、县（市、区）实施人工影响天气作业的，须由相关市、县（市、区）人民政府协调解决。同时，只有通过人民政府之间的协商，才能够对作业涉及到的军队、民航、公安、工业和信息化、农业农村、水利、自然资源、生态环境、应急管理、保险等部门进行综合协调，部署作业实施期间各部门应承担的具体任务，明确各单位应尽的义务，才能取得良好的作业效果，并协调、解决好作业过程中可能出现的意外事件。对于协商不成但实践中确需开展跨区域作业的情形时，本条第一款规定由上一级气象主管机构商相关的市、县（市、区）人民政府确定。主要是考虑到，上一级气象主管机构具有根据国家、省对人工影响天气工作的总体要求和全省经济建设的重点，落实人工影响天气专项规划，并对国家、省下达的重点项目进行指导和协调等职责。当跨设区的市、县（市、区）实施人工影响天气作业出现意见分歧，无法协商解决时，由有关市、县（市、区）上一级气象主管机构协调解决，使有关市、县（市、区）人民政府对跨区域人工影响天气工作达成共识。

二、省气象主管机构指导人工影响天气跨区域协同作业

空中云水资源是指存在于大气中的液态水和固态水总量，是通过人工干预可以直接开发利用的水资源。科学合理开发利用空中云水资源，是解决山东省水资源短缺制约经济社会发展和人民生活质量提高等问题的有效途径之一。山东的气候属暖温带季风气候类型，降水集中，雨热同季。年平均降水量一般在550～950毫米，由东南向西北递减。降水季节分布很不均衡，全年降水量有60%～70%集中于夏季，易形成涝灾，冬、春及晚秋易发生干旱，对农业生产影响最大。例如2009年、2011年均发生持续秋冬春连旱，不仅危急粮食安全，还严重影响了人们生活。干旱灾害是山东省长期面临的主要气象灾害之一，与粮食安全、生态环境安全、社会稳定等重大问题密切相关。因此，充分发挥省级气象主管机构在管理、业务技术方面优势，加强统筹协调，组织指导各市县开展跨区域协同作业，有利于加大空中云水资源开发利用力度，更好地发挥人工影响天气在水源涵养、水土保持、植被恢复、生物多样性保护、水库蓄水、河湖补水、空气质量改善等方面的作用。此外，冰雹灾害也是山东频繁发生的严重气象灾害之一，防雹减灾需求巨大。冰雹一般是在具有很强的斜升气流、液态水含量很充沛的雷暴云中产生的。虽然每次降雹的范围都很小，一般宽度为几米到几千米，长度为20～30千米，民间有“雹打一条线”的说法，但是，冰雹路径可能涉及多个市、县（市、区），需要省级气象主管机构统筹协调有关市、县（市、区），加强会商研判，协调上下游联防，协同开展人工影响天气作业，最大限度提高人工影响天气作业效率，减少雹灾损失。

第十九条 县级以上人民政府审计、财政等部门应当对人工影响天气工作资金使用情况进行监督检查，对发现的问题依法予以处理。

【释义】本条是关于对人工影响天气工作资金使用情况实施专项监督的规定。

山东省人工影响天气工作由设区的市以上人民政府组织编制人工影响天气专项规划进行统筹部署，并由各级气象主管机构按照当地人民政府批准的人工影响天气年度工作计划组织实施，属于公益性事业，其所需经费列入本级人民政府的财政预算。推进山东省人工影响天气高质量发展，经费保障是否到位、资金是否发挥作用至关重要。除上级人民政府定期对下一级人民政府的人工影响天气工作开展一般监督检查外，设立相关部门开展的专项监督，对建立、完善和落实人工影响天气工作的财政投入和保障制度，提高资金配置和管理效率具有重要作用。

一、财政部门实施的监督

为规范和加强人工影响天气资金管理，2013年山东省财政厅和山东省气象局联合印发了《山东省人工影响天气补助资金管理暂行办法》（鲁财农〔2013〕11号），明确了人工影响天气补助资金（以下简称人影补助资金）的使用范围、资金分配与拨付、资金管理与监督等相关内容。其中规定，人影补助资金由省财政厅、省气象局负责分配、使用和管理。省财政厅主要负责审核并落实人影补助资金预算及分配、拨付资金，并对资金使用进行管理和监督；省气象局主要负责编报人影补助资金年度预算和人影作业计划，组织计划实施，并对计划实施和资金使用进行管理和监督。各级财政、气象部门要切实加强对人影补助资金使用管理的监督检查，确保专款专用和资金使用效益发挥。

二、审计部门实施的监督

国家实行审计监督制度，审计监督是宪法和审计法赋予审计部门的基本职责，具有强制性、独立性和全面性的特点。在人工影响天气工作资金使用中，审计部门依法独立检查被审计单位与人工影响天气工作资金相关的会计和财务收支资料及资产，监督被审计单位财政、财务收支的真实性、合法性和效益性，对充分发挥人工影响天气工作资金在防灾减灾和农业生产中的重要作用十分关键。在对人工影响天气工作资金审计监督过程中，要从投入到使用、从管理到绩效对其进行全过程的审查监督，确保资金专款专用，注重效益。《山东省人工影响天气补助资金管理暂行办法》中也明确规定，各级财政、气象部门要自觉接受审计、监察等部门的监督检查，任何单位和个人不得截留、挤占、挪用人影补助资金，违反规定的，根据《财政违法行为处罚处分条例》及有关规定严肃处理。

第二十条 人工影响天气作业单位应当建立健全人工影响天气作业档案制度。

作业档案应当包括作业目的、时段、地点、设备、弹药种类与用量、空域申请与批复等内容。

【释义】本条是关于人工影响天气作业档案制度的规定。

一、人工影响天气作业档案制度

人工影响天气作业的开展需要使用高射炮、火箭发射装置、飞机等作业装备，作业实施主要依赖于炮弹、火箭弹等民用爆炸物品，存在一定的危险因素。特别是在作业实施过程中，若操作不当，可能引起安全事故的发生，不仅影响作业效果，也会危及公众或作业人员的生命财产安全，必须高度重视，提升安全作业意识，掌握每一个环节要点，确保人工影响天气作业的安全性、稳定性、可靠性。建立人工影响天气作业档案制度，是加强人工影响天气作业安全管理的重要举措，有利于从制度上强化管理和规范作业行为，杜绝责任性安全事故发生。规范人工影响天气工作档案，使档案系统完整、准确，便于快速查询、应用，这也是适应档案管理现代化的需要。《条例》第十二条规定的人工影响天气作业单位应当具备的条件之一，即“有完善的作业安全管理制度和作业设备的维护、运输、储存、保管等制度”，也是基于对人工影响天气安全作业进行综合管理而制定的。本条规定的作业档案制度主要是针对人工影响天气作业实施环节提出的要求。

二、作业档案包含的内容

人工影响天气作业涉及多学科、多领域、多部门，需要各个环节相互衔接、配合，才能成功实施。人工影响天气作业档案围绕作业过程的各环节进行全过程记录，一般来说应当包含以下方面：一是要根据天气过程预报、作业条件监测和实际服务需求，科学研判，确定作业的目的或任务，例如增雨雪、防雹或其他服务目标；二是根据作业任务精心设计和准备作业方案，包括作业时段、作业区域、作业装备选择、作业装备对应的弹药种类及用量等；三是要根据天气预报和实时天气监测及时申请空域，飞机作业要申请飞行空域，地面高射炮、火箭作业需申请作业空域。申请空域是人工影响天气作业的必需环节，必须在批准的空域和作业时限内作业，严禁不经空域批准开展作业，严禁超出批准的空域和作业时限开展作业，作业空域申请也要留痕保存。通过建立健全人工影响天气作业涉及的各环节的档案，切实做到全程留痕，不仅能够有效促进人工影响天气管理制度、标准的落实和执行，提高安全管理能力，避免发生责任性事故，也可以进一步明确人工影响天气作业单位和作业人员的工作职责、权限，使人工影响天气作业行为更加规范，从制度上保证人工影响天气工作安全顺利开展。

第三章 安全管理与应急处置

本章是专门针对人工影响天气工作安全管理与应急处置而设置的，目的在于加强对人工影响天气工作的安全管理，避免和减轻安全生产事故发生。

本章共十三条，主要包含以下内容：一是明确县级以上人民政府应当将人工影响天气安全工作纳入安全生产管理体系；二是明确气象主管机构、工业和信息化、公安、交通等部门在人工影响天气安全管理工作中的监督和指导职责；三是明确人工影响天气安全射界、弹药储存管理、设备年检报废、队伍建设等安全管理内容；四是明确人工影响天气工作中的应急处置措施和要求。

第二十一条 县级以上人民政府应当加强对人工影响天气工作的安全管理，将人工影响天气安全工作纳入安全生产管理体系。

气象主管机构应当会同有关部门开展人工影响天气作业安全检查和事故隐患排查治理情况的监督检查；对不再具备开展人工影响天气作业条件的单位，按照权限责令停止作业并限期整改。

工业和信息化、公安、交通运输等部门和气象主管机构应当按照各自职责，对人工影响天气作业使用的设备、炮弹、火箭弹的储存、运输进行监督和指导，落实监管措施。

【释义】本条是关于政府及其有关部门在人工影响天气安全管理中的义务规定。

一、县级以上人民政府的安全管理领导职责

人工影响天气安全管理工作是安全生产工作的重要组成部分，在县级以上人民政府负有的安全生产工作领导职责中，也包括人工影响天气工作的领导职责。《中华人民共和国气象法》第三十条规定："县级以上人民政府应当加强对人工影响天气工作的领导，并根据实际情况，有组织、有计划地开展人工影响天气工作。"《山东省安全生产条例》第三条规定："安全生产工作应当以属地监管为主。"第四条规定："县级以上人民政府应当加强对安全生产工作的领导，根据国民经济和社会发展规划制定安全生产规划并组织实施，明确部门安全生产工作职责，支持、督促有关部门依法履行安全生产监督管理职责。"由县级以上人民政府加强人工影响天气的安全管理，并将人工影响天气安全工作纳入安全生产管理体系，可以充分发挥政府统一领导的优势和权威性，进一步建立健全人工影响天气安全生产协调机制，有效协调督促有关部门和单位依法履行安全生产职责，及时协调解决人工影响天气安全管理工作中的重大问题，不断提升人工影响天气工作的安全管理水平。

二、气象主管机构和相关部门的监督检查职责

《中华人民共和国安全生产法》第三条第三款规定："安全生产工作实行管行业必须管安全、管业务必须管安全、管生产经营必须管安全，强化和落实生产经营单位主体责任与政府监管责任，建立生产经营单位负责、职工参与、政府监管、行业自律和社会监督的机制。"气象主管机构依法承担人工影响天气的组织实施和指导管理，负有对人工影响天气作业安全

检查和事故隐患排查治理情况的监督检查职责。同时，由于人工影响天气工作涉及多个领域，其安全管理工作也涉及多个部门，各级气象主管机构在开展人工影响天气作业安全检查和事故隐患排查治理情况的监督检查中，应当主动沟通协调公安、应急等相关部门共同参加，充分发挥各部门业务特长，对人工影响天气工作进行全过程、全要素的安全监管。此外，《条例》第十二条第二款规定了人工影响天气作业单位应当具备的条件，这些条件是安全实施人工影响天气作业的前提和基础，如果不具备这些条件，人工影响天气作业的安全性就无法保证。气象主管机构或者其他有关部门在检查和监管中，发现作业单位不再具备开展人工影响天气作业条件时，应当按照权限责令停止作业并限期整改。这里的“按照权限”指，可以对本级和有隶属关系的下级机构管辖范围内的人工影响天气作业单位，责令停止作业并限期整改。

三、相关部门对人工影响天气作业设备和炮弹、火箭弹的储存运输环节的监督指导职责

人工影响天气作业使用的高射炮、火箭发射装置等作业设备属于军民用火工类特殊产品，炮弹、火箭弹等燃爆器材属于民用爆炸物品。这些作业设备和燃爆器材在运输、储存过程中稍有不慎都可能发生危及国家和人民生命财产安全的事故，属于人工影响天气安全管理的重点环节。《国务院办公厅关于推进人工影响天气工作高质量发展的意见》（国办发〔2020〕47号）明确指出，要加强重点环节安全监管。健全部门紧密协作的联合监管机制，加强作业装备弹药的生产、购销、运输、存储、使用等安全管理。《山东省人民政府办公厅关于推进人工影响天气工作高质量发展的实施意见》（国办发〔2021〕9号）进一步指出，各有关部门要建立健全管理制度，按照职责分工落实作业装备和弹药存储、运输和安全等监管职责。弹药运输单位要具备相关资质。2002年施行的《人工影响天气管理条例》第十六条规定：“运输、存储人工影响天气作业使用的高射炮、火箭发射装置、炮弹、火箭弹，应当遵守国家有关武器装备、爆炸物品管理的法律、法规。实施人工影响天气作业使用的炮弹、火箭弹，由军队、当地人民武装部协助存储；需要调运的，由有关部门依照国家有关武器装备、爆炸物品管理的法律、法规的规定办理手续。”《民用爆炸物品安全管理条例》第四条规定了民用爆炸物品行业主管、公安机关、安全生产监督、交通、工商行政管理等部门在民用爆炸物品安全管理方面的职责，《条例》结合山东省工业和信息化、公安、交通运输、气象主管机构等相关管理部门职责，以及当前炮弹、火箭弹运输、储存所涉及的领域，从工作实际出发，明确工业和信息化、公安、交通运输等部门和气象主管机构应当按照各自职责，对人工影响天气作业使用的设备、炮弹、火箭弹的储存、运输进行监督和指导，落实监管措施。

第二十二条 利用高射炮和火箭实施人工影响天气作业的，应当根据国家标准绘制作业安全射界图，并在安全射界范围内实施作业。

【释义】本条是关于利用高射炮和火箭实施人工影响天气作业的安全要求。

一、绘制人工影响天气作业安全射界图的必要性

利用高射炮和火箭发射装置实施人工影响天气作业时，需要向空中发射炮弹、火箭弹来播撒碘化银等催化剂。正常情况下，炮弹在空中爆炸、自毁式火箭弹在空中自毁后形成若干质量不大于 14 克的残骸坠落到地面；伞降式火箭弹在空中打开降落伞后以不大于每秒 8 米的速度降落到地面。以上两种情况通常不会造成地面人员和财产的损失。但是由于受产品质量和空中风的影响，炮弹若在空中未自毁，会出现完整弹头掉落坠地情况；火箭弹在发射后因未自毁或者降落伞未打开等原因，也会出现完整弹体掉落情况，故障率约为 1‰。如掉落到村镇、工厂等人口密集或重要设施区，具有极大的安全风险。为此，中国气象局《人工影响天气安全管理规定》明确提出："经批准的作业站点，必须调查和掌握高射炮、火箭射程范围内的城镇、厂矿企业、村庄等人口稠密区的分布情况，绘制安全射界图。作业时，高射炮、火箭的发射方向和角度应避开上述地点，减少意外事故的发生。"安全射界是为避免未自毁的炮弹弹丸、火箭弹弹体及未开伞的伞降式火箭弹弹体落入人口密集区或重要设施所预设的落地安全区域，类似在内蒙古草原为神舟飞船返回仓预设着陆场，需要远离人口密集区或重要设施区，作业时高射炮、火箭发射装置在安全射界内发射，以备故障弹可坠落到预设的安全射界内。规范绘制安全射界图，严格按照安全射界限定的发射仰角、方位角实施作业，是避免作业事故发生的有效措施。随着经济社会的发展，人工影响天气作业点周围人口和重要设施分布情况会不断发生变化，需要及时调整作业点周边安全射界及发射仰角、方位角，并在具体作业中应用。

二、绘制人工影响天气作业安全射界图的具体要求

安全射界图包括绘制底图、安全射界及对应的发射仰角、方位角范围、作业点名称等信息。安全射界选取原则：应在作业点周围高射炮、火箭发射装置最大理论射程范围内选取，避开人口密集区和重要设施，对应发射仰角应为 50°～75°；安全射界边界与周边人口密集区和重要设施的距离应大于 200 米；火箭发射正前方 1 千米内应无人口密集区和重要设施。人口密集区指城镇、村庄、学校等。重要设施指油库、化工厂、高速铁路、机场、文物古迹和军事设施等。高射炮作业点安全射界图的绘制，应符合《人工影响天气高炮作业点安全射界图绘制规范》（GB/T 39782—2021）要求；火箭作业点安全射界图的绘制，应符合《人工影响天气火箭作业点安全射界图绘制规范》（GB/T 37274—2018）要求。高射炮、火箭安全射界图详见图 1 和图 2。

三、要在安全射界范围内实施人工影响天气作业

安全射界图绘制完成后，作业前应当将作业点坐标、炮弹、火箭弹型号、各安全射界对应的发射方位角、仰角范围等基础数据引入到作业指挥系统中，在作业指令生成环节就考虑安全射界的约束。在作业点要做到"上墙落地"，即将绘制的安全射界图与相关的规章制度一并在作业点值班室上墙张贴，并将各安全射界对应的射击方位角、仰角范围在发射平台进行标绘落地（图 3），作业时要严格限定在安全射界对应的仰角、方位角范围内发射。在作业实施的实践中要注意因高射炮炮床、火箭发射架摆放不水平、方位标定不准确而带来射击仰角、方位角偏差，必须严格水平规正高射炮炮床、火箭发射架，准确标定方位，以避免该项偏差的出现。

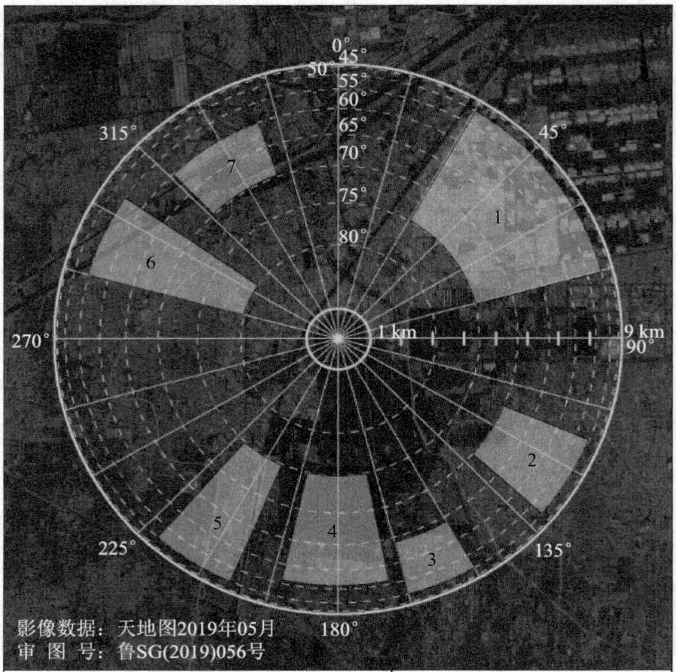

安全射界范围						说明	
编号	方位角	仰角	编号	方位角	仰角	作业点名称：	××××
1	30°～75°	50°～75°	6	285°～305°	55°～80°	编　号：	370783004
2	113°～131°	50°～70°	7	316°～340°	60°～70°	坐　标：	××°××′××″N ××°××′××″E
3	150°～165°	50°～64°	8			海拔高度：	1 m
4	169°～193°	56°～75°	9			影像分辨率：	5 m
5	203°～221°	50°～75°	10			适用弹型：	13型

绘制人：×××　　审核人：×××　　×××人工影响天气办公室　2020年03月30日制

图 1　高射炮安全射界图示例

第二十三条　任何组织和个人不得侵占人工影响天气作业场地，损毁、擅自移动人工影响天气作业设施、设备。

新建、改建、扩建建（构）筑物的，不得影响人工影响天气作业点作业安全。

【释义】本条是关于人工影响天气作业场地、设施、设备保护的规定。

一、人工影响天气作业场地与设施、设备

本条第一款规定的“人工影响天气作业场地”是指实施人工影响天气作业的固定作业点和流动作业点所使用的场地。固定作业点是指用高射炮、火箭发射装置、地面烟炉实施人工影响天气作业，有固定建（构）筑物、足够作业空间，配备相应观测和指挥设备的场所。流动作业点是指仅有作业平台、无固定建（构）筑物，作业装备可以移动的作业点。人工影响天气作业设施、设备具有一定的安全管理要求，需要专业人员管理和使用。为安全、有效开展人工影响天气作业，《条例》明确了人工影响天气作业场地和设施、设备保护的禁止性规定，任何组织和个人不得侵占人工影响天气作业场地，如在作业点从事影响人工影响天气作业的活动、占用场地存放与人工影响天气作业无关的物品等；任何组织和个人不得损毁、擅

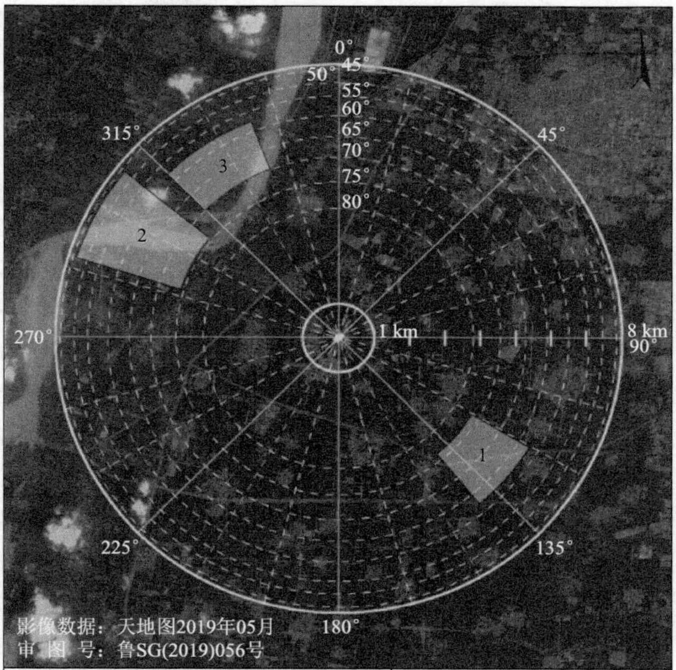

安全射界范围					
编号	方位角	仰角	编号	方位角	仰角
1	121°～140°	62°～76°	6		
2	288°～309°	46°～74°	7		
3	315°～339°	58°～70°	8		
4			9		
5			10		

说明	
作业点名称：	××××
编　　号：	371728043
坐　　标：	××°××′××″N　××°××′××″E
海拔高度：	61 m
影像分辨率：	5 m
适用弹型：	BL-1A/B型

绘制人：×××　　审核人：×××　　×××人工影响天气办公室　2021年04月12日制

图 2　火箭安全射界图示例

图 3　安全射界地面标绘示例（深色区域为安全射界）

自移动作业设施、设备，这些设施、设备包括高射炮、火箭发射装置、地面烟炉，固定建（构）筑物，观测设施和指挥设施、安防设施、通信设施、安全标志等。

二、人工影响天气作业点作业安全

本条第二款规定了新建、改建、扩建建（构）筑物的，不得影响人工影响天气作业点作业安全。人工影响天气作业点使用高射炮、火箭发射装置实施作业时，向空中发射炮弹、火箭弹，需要确保射击仰角在45°～85°，在安全射界对应的方位角范围内无遮挡物。在人工影响天气作业点周围新建、改建、扩建建（构）筑物时，建设责任主体应当提前与作业点的管理单位或气象主管机构通报建（构）筑物高度、距作业点的距离等数据，确保建（构）筑物不妨碍高射炮、火箭发射装置射击。根据《37 mm高炮增雨防雹作业安全技术规范》（QX/T 17—2019）、《人工影响天气地面作业单位安全检查规范》（QX/T 340—2016）规定，设立高炮、火箭作业点应避开人口密集区（城镇、村庄、学校等）、重要设施（油库、发电厂、化工厂、文物古迹、军事设施等）、交通要道（机场、航线、铁路、告诉公路、国道等），远离居民区500米以上。已经投入使用的人工影响天气作业点周围500米范围内，不应再建设居民区、学校、交通要道等重要设施，如有政府规划必须建设的，作业点应当另外选址迁移。此外，作业点周围种植的树木达到一定高度时，也会影响作业安全，需要砍伐处理。从工作的实践来看，仅靠人工影响天气作业单位或各级气象主管机构来保护人工影响天气作业场地不受侵占、设施不被损毁，力量明显不足。作业点所在地是人工影响天气作业效益的最大受益方，作业点所在地的乡镇人民政府、街道办事处和村（居）民委员会应当积极与人工影响天气作业单位、各级气象主管机构共同做好人工影响天气作业场地和设施的保护工作，形成合力保障人工影响天气作业安全。《条例》第五条第三款有关“乡镇人民政府、街道办事处应当协助做好本辖区人工影响天气相关工作”的规定，其中就包含人工影响天气作业点及作业环境的保护工作。

第二十四条 人工影响天气作业使用的高射炮、火箭发射装置等作业设备以及炮弹、火箭弹等燃爆器材，应当符合国家有关武器装备、民用爆炸物品等法律、法规的要求和强制性技术标准。

人工影响天气作业使用的高射炮、火箭发射装置、炮弹、火箭弹，只能用于人工影响天气作业和检修后的试射、训练；发生丢失、盗抢等情况时，应当立即向当地公安机关和气象主管机构报告。

【释义】本条是关于人工影响天气用作业装备的标准和要求，以及发生丢失、盗抢等情况时的信息报告要求。

一、人工影响天气作业设备和炮弹、火箭弹的标准

人工影响天气作业专用的高射炮、火箭发射装置、炮弹、火箭弹是实施人工增雨雪、防雹的必备作业工具，也是开展人工影响天气工作的物质基础。高射炮、火箭发射装置等人工影响天气作业设备属于军民用火工类产品，炮弹、火箭弹等人工影响天气用燃爆器材属于民用爆炸物品。同时，人工影响天气作业用火箭发射装置、炮弹、火箭弹又属于气象专业技术

装备，需要按照《中华人民共和国气象法》的规定，取得气象专用技术装备使用许可后，方能用于人工影响天气业务中。这一特殊性决定了人工影响天气作业设备和燃爆器材管理既要符合国家有关武器装备、民用爆炸物品等法律、法规的要求，又要考虑人工影响天气业务工作的需要，符合相应的强制性标准。《人工影响天气管理条例》第十五条规定："实施人工影响天气作业使用的火箭发射装置、炮弹、火箭弹，由国务院气象主管机构和有关部门共同指定的企业按照国家有关强制性技术标准和要求组织生产。"《民用爆炸物品安全管理条例》第三条规定："国家对民用爆炸物品的生产、销售、购买、运输和爆破作业实行许可证制度。未经许可，任何单位或者个人不得生产、销售、购买、运输民用爆炸物品，不得从事爆破作业。"《气象专用技术装备使用许可管理办法》第七条第二款规定："申请人工影响天气作业用火箭发射装置、炮弹、火箭弹三类设备使用许可证的，应当符合国家武器装备、民用爆炸物品的相关规定和国家有关强制性技术标准。"以上这些规定，主要是为了严格把控人工影响天气作业装备、弹药的入口关，防止不符合相关要求和标准的非法产品用于人工影响天气作业，带来安全隐患。

二、人工影响天气作业设备和炮弹、火箭弹的使用要求

鉴于高射炮、火箭发射装置等人工影响天气作业设备属于军民用火工类产品，炮弹、火箭弹等人工影响天气用燃爆器材属于民用爆炸物品，都具有一定的危险性和严格的安全管理及使用要求，因此，只能用于人工影响天气作业和检修后的试射、训练，不得挪作其他用途，如非作业人员射击体验、商业庆典礼炮鸣放等活动。用于人工影响天气科普宣传时，只能静态展示，不得进行射击展示，非工作人员不得操作高射炮、火箭发射装置。《条例》第三十条也明确禁止将人工影响天气作业设备用于与人工影响天气无关的活动。

三、人工影响天气作业设备和炮弹、火箭弹丢失、盗抢后的信息报告要求

《民用爆炸物品安全管理条例》第四十一条第（四）项规定："民用爆炸物品丢失、被盗、被抢，应当立即报告当地公安机关。"第三十九条第二款规定："发现、拣拾无主民用爆炸物品的，应当立即报告当地公安机关。"因此，任何人发现人工影响天气作业用的高射炮、火箭发射装置、炮弹、火箭弹发生丢失、盗抢等情况时，应当首先立即向当地公安机关和气象主管机构报告。各级气象主管机构、作业单位、作业人员应积极提供线索配合公安机关破案。

第二十五条 人工影响天气作业使用的高射炮、火箭发射装置、炮弹、火箭弹，由省气象主管机构按照国家有关规定组织采购。

【释义】本条是关于人工影响天气作业设备和炮弹、火箭弹的统一采购规定。

人工影响天气作业设备和炮弹、火箭弹由省级气象主管机构按照国家有关规定统一组织采购，是《人工影响天气管理条例》第十五条明确规定的，这里的国家有关规定主要是"政府采购"的规定，人工影响天气作业使用的高射炮、火箭发射装置、炮弹、火箭弹应当纳入政府采购管理，并遵照政府采购的相关程序规定。《条例》依据上位法的规定，明确由省气象主管机构按照国家有关规定组织采购。由省级气象主管机构组织采购，主要有以下几方面

考虑：一是严把进货渠道关，杜绝非正规企业生产的人工影响天气作业设备和炮弹、火箭弹等燃爆器材流入人工影响天气作业单位，从而避免发生安全事故和影响作业效果；二是省级气象主管机构通过有计划、有步骤的组织集中采购，便于厂家制定生产计划，优化弹药配送路线，合理配置库存量，有利于节约人力和资金成本；三是有利于省级气象主管机构掌握各地作业装备的具体情况，如作业装备的配备、数量、使用年限、零配件供应、检修、更新、报废情况等，从而实现对省内各地人工影响天气作业装备的有效监管。需要说明的是，省气象主管机构组织采购，并非由省气象主管机构出资集中采购，而是由省气象主管机构在征集各市县需求和统筹全省人工影响天气工作发展需要的基础上与炮弹、火箭弹的生产厂家达成采购意向，明确采购总体数量，联系厂家统筹安排配送路线。具体采购时由作业单位和生产厂家签署订货合同。

第二十六条 储存人工影响天气作业使用的炮弹、火箭弹，应当遵守国家有关爆炸物品管理的法律、法规。

县级以上人民政府应当组织有关部门通过政府购买服务、自建专用仓库等方式，协调做好人工影响天气作业使用的炮弹、火箭弹等储存工作。

【释义】本条是关于人工影响天气用炮弹、火箭弹储存的规定。

一、人工影响天气作业使用的炮弹、火箭弹储存规定

《民用爆炸物品安全管理条例》第四十条规定："民用爆炸物品应当储存在专用仓库内，并按照国家规定设置技术防范设施。"人工影响天气作业使用的炮弹、火箭弹已被列入《民用爆炸物品品名表》，统称为"人工影响天气用燃爆器材"，备注"含炮弹、火箭弹等，限生产、购买、销售、运输管理"。2002 年施行的《人工影响天气管理条例》第十六条规定："实施人工影响天气作业使用的炮弹、火箭弹，由军队、当地人民武装部协助储存。"但是 2015 年后，因军队改革等原因，军队仓库不再接收人工影响天气弹药储存，人民武装部也无法提供弹药储存服务，由人工影响天气作业单位自行解决。但炮弹、火箭弹作为民用爆炸物品，如果储存不当，导致燃烧、爆炸或者丢失、盗抢，将会对人民生命财产安全造成严重威胁。从安全的角度出发，人工影响天气作业用炮弹、火箭弹的储存应当同其他民用爆炸物品一样，遵守《民用爆炸物品安全管理条例》的储存规定，以及民用爆炸物品储存的相关标准。因此，本条第一款规定，储存人工影响天气作业使用的炮弹、火箭弹，应当遵守国家有关爆炸物品管理的法律、法规。

二、人工影响天气作业使用的炮弹、火箭弹储存方式

《中华人民共和国安全生产法》第九条规定："国务院和县级以上地方各级人民政府应当加强对安全生产工作的领导，建立健全安全生产工作协调机制，支持、督促各有关部门依法履行安全生产监督管理职责，及时协调、解决安全生产监督管理中存在的重大问题。"依据《民用爆炸物品安全管理条例》第四十条规定："民用爆炸物品应当储存在专用仓库内，并按照国家规定设置技术防范设施。"但是，目前工作实践中仍面临着人工影响天气使用的炮弹、火箭弹储存地点不符合规定、储存资金短缺、专业民用爆炸物品仓库承接储存业务审批困难等问题，考虑到这个实际情况，本条第二款规定，县级以上人民政府应当组织有关部门通过政府购买服务、自建专用仓库等方式，协调做好人工影响天气作业使用的炮弹、火箭弹等储存工作。该规定旨在推动山东省人工影响天气炮弹、火箭弹实现由专业民用爆炸物品仓库储存，消除安全风险隐患。根据该规定，县级以上人民政府应当进一步加强弹药储存工作，落实储存所需资金，可以采用政府购买服务的方式，委托专业民用爆炸物品储存企业代为储存，或者由政府出资，自建民用爆炸物品仓库储存。同时，从人工影响天气安全管理的领导职责上看，县级以上人民政府也要协调、督促工业和信息化、公安等部门按照各自职责，监督指导人工影响天气作业单位做好弹药的储存工作，落实监管措施。

第二十七条 作业期间，在人工影响天气作业点临时存放作业所需炮弹、火箭弹的，应当具备临时存放条件，并设专人管理、看护。

作业点发射装置和弹药的存放应当符合国家有关标准要求。

【释义】本条是关于人工影响天气作业期间，炮弹、火箭弹临时存放的规定。

一、炮弹、火箭弹临时储存要求

《民用爆炸物品安全管理条例》第四十二条规定："在爆破作业现场临时存放民用爆炸物品的，应当具备临时存放民用爆炸物品的条件，并由专人管理、看护，不得在不具备安全存放条件的场所存放民用爆炸物品。"除部分常年开展常态化人工增雨雪作业的地区外，人工影响天气作业时段一般为每年的3—10月。为保障作业点可以及时开展作业，作业期间，人工影响天气作业单位会在作业点临时存放一定数量的炮弹、火箭弹。当作业点临时存放弹药时，需要符合气象行业标准《人工影响天气炮弹运输存储要求》（QX/T 472—2019）、《人工影响天气火箭弹运输存储要求》（QX/T 493—2019）的相关规定，包括储存场所、储存管理和储存数量等。

（一）储存场所

炮弹临时储存点应当符合《小型民用爆炸物品储存库安全规范》（GA 838—2009）要求：应采取防潮、隔热、通风、防啮齿动物等措施。《小型民用爆炸物品储存库安全规范》（GA 838—2009）对耐火等级、建筑结构和净高、门和窗户的安装以及消防、电气和防雷措施等都作出了明确规定。同时还规定，屋面应采用轻质泄压屋面，存储库的泄压面积应不小于10平方米，临时存放点的泄压面积应不小于1平方米。当屋面泄压面积达不到要求时，应辅以门窗作为泄压面积；地面应采用不发生火花地面；应安装入侵报警、周界报警、视频监控等治安防范设施，并应符合《入侵报警系统工程设计规范》（GB 50394）和《视频安防监控系统工程设计规范》（GB 50395）的要求。火箭弹临时储存点的要求：单层建筑，可砖墙承重结构，屋盖为钢筋混凝土结构；建筑耐火等级不低于《建筑设计防火规范》（GB 50016—2014）中的二级耐火等级；门为防火防盗门，向外平开，入口处应设有人体静电泄放装置；窗能开启并应配置铁栅栏和金属网；安装入侵报警、周界报警、视频监控等治安防范设施；作业点的储存库应配备符合《人工影响天气作业用弹药保险柜》（QX/T 328—2016）要求的人工影响天气作业用弹药保险柜。

（二）储存管理

临时储存点应指定专人管理、看护，实行双人双锁，无关人员不得进入库房。禁止在库房内吸烟和用火、使用手机等通信工具，禁止把其他容易引起燃烧、爆炸的物品带入库房内，禁止在库房内住宿和其他活动。应建立相关管理制度，做到出入库证件资料齐全，账目清楚、账物相符，应配备设备接入互联网系统。不同型号、不同批次的炮弹、火箭弹应分区存放，并分类标识清楚，不应在库房内存放其他物品。

（三）储存数量

要求作业点的火箭弹应储存在人工影响天气作业用弹药保险柜内，按保险柜设计规则摆放，储存数量不得超过保险柜设计最大容量。37 毫米炮弹储存量应不大于 400 发，57 毫米炮弹储存量应不大于 200 发。炮弹应分批成垛堆放，包装标志一般应朝向工作通道，行走通道不小于 0.75 米，堆垛与墙的距离不应小于 0.9 米，堆放高度不大于 1.5 米。堆垛与堆垛的最小距离 0.6 米，运输操作通道的宽度不应小于 1.5 米。从 1.5 米以上高度摔落的炮弹应单独存放，并做好标记，未经检查鉴定不得发放、运输或与其他弹药一起堆码存放。

二、发射装置存放要求

对作业点存放发射装置，气象行业标准《地面人工影响天气作业安全管理要求》（QX/T 297—2015）和《人工影响天气地面作业单位安全检查规范》（QX/T 340—2016）规定："作业后及时进行保养，维修后应做好记录，作业期结束后应进行检修、保养、封存、入库保管，高炮炮闩、火箭的发射控制器应指定专人单独保管。"其中，《地面人工影响天气作业安全管理要求》（QX/T 297—2015）明确规定炮弹、火箭弹与高射炮、火箭发射架不应同库存放。

第二十八条 运输人工影响天气作业使用的炮弹、火箭弹，应当按照国家有关民用爆炸物品管理规定向公安、交通运输等部门申请办理相关手续。

【释义】本条是关于人工影响天气使用的炮弹、火箭弹的运输管理规定。

《民用爆炸物品安全管理条例》第二十七条规定："运输民用爆炸物品的，应当凭《民用爆炸物品运输许可证》，按照许可的品种、数量运输。"人工影响天气使用的炮弹、火箭弹属于民用爆炸物品，应当遵守民用爆炸物品运输管理的相关规定。运输人工影响天气作业用炮弹、火箭弹时，作业单位或者生产、销售企业应当按照《民用爆炸物品安全管理条例》第二十六条规定，收货单位应当向运达地县级人民政府公安机关提出申请，并提交以下材料：民用爆炸物品使用单位提供的《民用爆炸物品购买许可证》或者生产企业、销售企业分别提供的《民用爆炸物品生产许可证》《民用爆炸物品销售许可证》；运输民用爆炸物品的品种、数量、包装材料和包装方式；运输民用爆炸物品的特性、出现险情的应急处置方法；运输时间、起始地点、运输路线、经停地点。受理申请的公安机关应当自受理申请之日起 3 日内对提交的有关材料进行审查，对符合条件的，核发《民用爆炸物品运输许可证》；对不符合条件的，不予核发《民用爆炸物品运输许可证》，书面向申请人说明理由。

目前实践中，人工影响天气作业单位在办理《民用爆炸物品运输许可证》时仍存在一些亟需解决的问题，如因为作业单位所在地区和作业点无符合要求的民爆物品仓库和临时储存点，储存场所无法纳入公安机关民用爆炸物品运输审批系统中，无法办理库到库之间的运输许可。针对这些问题，《条例》坚持问题导向，践行人民至上、生命至上的理念，对炮弹、火箭弹的储存、运输作出明确规定。在具体落实上，还需要县级以上人民政府充分发挥领导职能，统筹解决人工影响天气使用的炮弹、火箭弹在储存、运输中存在的重大安全问题，推动人工影响天气工作在法治轨道上高质量发展。

第二十九条 人工影响天气作业使用的高射炮、火箭发射装置由省气象主管机构组织年检；年检不合格的，应当立即进行检修，检修期间不得用于人工影响天气作业；经检修仍达不到规定的技术标准和要求的，予以报废。

报废的高射炮、火箭发射装置以及超过有效期的炮弹、火箭弹，由省气象主管机构按照国家规定组织处置。

【释义】本条是关于人工影响天气作业设备年检及检修、报废的规定。

一、人工影响天气作业装备年检要求

人工影响天气作业设备从使用的安全、效果上考虑，要求性能稳定、可靠，各项技术指标必须保持在规定的标准范围内，方可投入使用，以确保在实施人工影响天气作业过程中能安全、高效地发挥作用。实施年检工作，就是通过定期对人工影响天气作业设备的检测、保养、维修和验收等工作，严格把好作业设备的性能和安全质量关，这项工作是一项责任重大和技术性很强的工作，必须高度重视。为保证设备年检的要求和专业技术力量，《人工影响天气管理条例》第十七条规定："实施人工影响天气作业使用的高射炮、火箭发射装置，由省、自治区、直辖市气象主管机构组织年检……"本条第一款依据上位法的规定，进一步明确山东省人工影响天气作业使用的高射炮、火箭发射装置由省气象主管机构组织年检。由省气象主管机构组织年检，可以实现对人工影响天气作业设备实行统一技术标准、方法和手段，为全面掌握本省人工影响天气作业设备情况以及加强管理打下良好基础，也为统筹考虑全省人工影响天气设备的未来配备和发展提供必要的基础资料。同时，人工影响天气作业单位作为作业设备管理的责任主体，应当积极配合年检人员做好检查工作，对年检不合格的设备，要立即组织力量进行检修；处于检修期间的设备不得用于人工影响天气作业；经检修仍达不到规定的技术标准和要求的，应当予以报废。

二、人工影响天气作业设备报废、过期弹药的处置要求

人工影响天气作业使用的高射炮、火箭发射装置的报废主要从技术性能、故障的修复成本等因素考虑，虽然报废装备的技术性能不符合相关标准要求，但仍具备发射炮弹、火箭弹的能力，一旦流向社会被别有用心的人利用，将造成极大的社会危害。从安全性考虑，报废的高射炮、火箭发射装置必须进行切割拆解处理。高射炮是比较复杂的机械装置，其部件有各类处于压缩状态的弹簧，切割拆解处理时需要由专业人员实施，避免发生弹簧扩张伤人的事故。为了确保作业的安全性和时效性，中国气象局《人工影响天气安全管理规定》第十二条规定："禁止使用未获得国务院气象主管机构许可使用的，以及超过保存期和有破损的人雨弹、火箭弹。各级气象主管机构在检查中发现上述人雨弹、火箭弹，应立即封存，由县级以上气象主管机构及时组织回收保管，并由省级气象主管机构组织销毁。”2021 年，中国气象局制定了《人工影响天气废旧装备及弹药管理办法》，其中明确规定：“废旧装备报废由各省（区、市）气象主管机构统一组织，一般应每 2 年进行一次，具体按资产管理有关规定执行。”“过期及故障弹药处理由各省（区、市）气象主管机构统一组织。”“过期弹药集中存放在省级或市级人工影响天气专用库房，单独码放、封存，做好台账记录。各省（区、市）气象主管机构定期（一般不超过 2 年）协调弹药生产厂家集中处理过期弹药。回收处理的过期弹药，由厂家技术人员全程跟踪指导，经清点、检查、封箱后运回厂家销毁；就地销毁的过期弹药，报经当地公安部门批准后，由厂家、公安、部队等机构有资质的技术人员组织实施。”根据这些规定，山东省气象局制定了人工影响天气废旧装备及弹药管理实施细则，明确了报废的高射炮、火箭发射装置以及超过有效期的炮弹、火箭弹处置工作要求。

第三十条 人工影响天气作业单位不得有下列行为：

（一）将人工影响天气作业设备转让给非人工影响天气作业单位或者个人；

（二）将人工影响天气作业设备用于与人工影响天气无关的活动；

（三）使用年检不合格、超过有效期或者报废的人工影响天气作业设备。

人工影响天气作业单位之间需要转让人工影响天气作业设备的，应当自转让之日起三十日内，向省气象主管机构备案。

【释义】本条是关于人工影响天气作业单位在作业设备使用方面的禁止性行为和作业单位之间转让设备的规定。

一、关于禁止性行为的规定

法律规范是指法律、法规中关于具体权利义务及法律后果的规定。按照法律规范的行为模式不同，可以将其划分为授权性规范、义务性规范和禁止性规范。授权性规范是规定人们可以为或者不为一定行为，或者要求他人为或者不为一定行为的法律规范，即“可以怎样”。义务性规范是规定人们应当或者必须为一定行为的法律规范，即“应当怎样”或者“必须怎样”。禁止性规范是规定人们不得为一定行为的法律规范，即“不得怎样”或者“禁止怎样”。根据本条规定，禁止下列 3 种行为：

（一）将人工影响天气作业设备转让给非人工影响天气作业单位或者个人。本条所称的“非人工影响天气作业单位”，是指不具备《条例》规定的人工影响天气作业条件、不从事人工影响天气作业的单位。转让，包括有偿转让和无偿转让，由于人工影响天气作业设备具有武器的性质，因此，无论是有偿，还是无偿，都不得转让。

（二）将人工影响天气作业设备用于与人工影响天气无关的活动。即将专门用于人工影响天气作业的设备挪作他用的行为，例如非作业人员射击体验、商业庆典礼炮鸣放等行为，都是《条例》所禁止的行为。

（三）使用年检不合格、超过有效期或者报废的人工影响天气作业设备。《条例》第二十九条明确规定：“人工影响天气作业使用的高射炮、火箭发射装置由省气象主管机构组织年检；年检不合格的，应当立即进行检修，检修期间不得用于人工影响天气作业；经检修仍达不到规定的技术标准和要求的，予以报废。”因此，年检不合格或者报废的高射炮、火箭发射装置以及超过有效期的其他人工影响天气作业设备，都在明令禁止使用之列。

二、人工影响天气作业单位之间转让设备

《人工影响天气管理条例》第十八条第二款规定："人工影响天气作业单位之间转让人工影响天气作业设备的，应当自转让之日起三十日内向有关省、自治区、直辖市气象主管机构备案。"本条第二款依据上位法规定，明确转让人工影响天气作业设备需向省气象局备案。根据该规定，人工影响天气作业单位之间可以根据工作需要，相互转让人工影响天气作业设备。转让方与受让方隶属同一省级气象主管机构的，双方向该省级气象主管机构备案；转让方与受让方隶属于不同的省级气象主管机构，即跨省转让的，由转让方和受让方分别向各自的省级气象主管机构备案。该规定有利于省气象主管机构掌握各地作业装备的具体情况，防止作业设备不当使用、违规转让等情况的发生，从而实现对省内各地人工影响天气作业设备的有效监控。备案材料应包括设备转出及接收单位名称、设备的类型、数量、编号以及设备交接时间等信息。

第三十一条 人工影响天气作业单位应当按照国务院气象主管机构的规定对从事人工影响天气作业的人员进行岗前培训。人工影响天气作业人员掌握相关作业规范和操作规程后，方可从事人工影响天气作业。

利用高射炮、火箭发射装置从事人工影响天气作业的人员名单，由所在地的气象主管机构抄送当地公安机关备案。

【释义】本条是关于人工影响天气作业人员培训和管理的规定。

一、人工影响天气作业人员的岗前培训和从业要求

人工影响天气作业单位是作业人员培训的责任主体，应当按照国务院气象主管机构的规定对从事人工影响天气作业的人员进行岗前培训。人工影响天气作业使用的高射炮、火箭发射装置具有武器的特性，发射的炮弹、火箭弹属于民用爆炸物品，专业性强、操作流程复杂，对安全有很高的要求，作业人员必须掌握相关作业规范和操作流程，规范开展人工影响天气作业，才能保证作业安全。本条第一款规定的岗前培训，包括技术培训和安全培训，一般包含以下几个方面：一是人工影响天气相关法律、法规和规章；二是人工影响天气相关标准、管理制度、作业规范；三是作业安全知识、作业装备知识、气象基础知识、人工影响天气基本理论等；四是作业装备实际操作技能、维护保养、一般故障排除等。技术具体培训内容也会随着人工影响天气现代化建设的深入和发展而不断调整和完善。

二、人工影响天气作业人员的备案制度

高射炮、火箭发射装置，既涉及航空器飞行安全，又牵涉到公民生命财产安全，同时，从事人工影响天气作业的人员，在开展人工影响天气作业过程中，使用的是高射炮、火箭发射装置，属于特殊的工作人员。因此，本条第二款规定，利用高射炮、火箭发射装置从事人工影响天气作业人员的名单，由所在地气象主管机构抄送当地公安机关备案。这样规定，有利于让公安机关了解作业人员情况，加强日常安全保卫工作，预防或者避免非法作业行为的发生。如果作业人员一旦发生不法行为，可及早发现，立即处理。

第三十二条 各级人民政府和有关部门应当采取措施，加强专业化人工影响天气作业队伍建设，建立健全作业人员劳动保护制度，按照规定给予津贴补贴。

人工影响天气作业单位应当为作业人员配备必要的劳动防护装备和器材，按照规定购买人身意外伤害保险。

【释义】本条是关于人工影响天气作业人员队伍建设及作业人员劳动保护的规定。

一、人工影响天气作业队伍建设的责任主体和保障要求

2020年印发的《国务院办公厅关于推进人工影响天气工作高质量发展的意见》（国办发〔2020〕47号）和2021年印发的《山东省人民政府办公厅关于推进人工影响天气工作高质量发展的实施意见》（鲁政办发〔2021〕9号）都对加强人工影响天气人才和专业队伍建设提出要求。明确要围绕重大科技攻关，加强人工影响天气科技创新团队和高层次人才队伍建设，培养相关专业科技人才。统筹各类专业队伍集约发展，加强基层专业化作业队伍建设，强化技术培训，健全聘用管理制度和激励机制，配强骨干力量。因此，各级人民政府和有关部门应当采取措施，加强专业化人工影响天气作业队伍建设，建立一支高素质的作业人员队伍。目前在山东省人工影响天气作业人员队伍中，50岁以上的作业人员占全部作业人员的40%以上，仅有初中学历的作业人员占了全部作业人员的50%以上，队伍结构老化，文化水平整体偏低。随着自动化装备及物联网系统的普及应用，迫切需要建立起专业化、年轻化作业队伍，充实高素质人才，配强骨干力量，提升人工影响天气作业队伍整体素质。同时，也要建立健全作业人员劳动保护制度，按照规定给予津贴补贴，提高人工影响天气作业队伍的稳定性。

二、人工影响天气作业人员防护要求

人工影响天气作业具有一定的危险性，《中华人民共和国安全生产法》第四十五条规定："生产经营单位必须为从业人员提供符合国家标准或者行业标准的劳动防护用品，并监督、教育从业人员按照使用规则佩戴、使用。"2020年印发的《国务院办公厅关于推进人工影响天气工作高质量发展的意见》（国办发〔2020〕47号）明确要求："健全人工影响天气作业人员劳动保护、人身意外伤害和公众责任保险等保障制度，按规定落实津补贴政策，保障合理待遇。"人工影响天气作业一般在雨雪天或冰雹天气过程中开展，作业人员室外作业工作环境比较恶劣，人工影响天气作业单位应当为作业人员配备必要的劳动防护装备和器材。"必要的劳动防护装备和器材"一般指雨衣、雨鞋、雨伞、头盔、手套、工作服等，火箭作业还需要配备防静电服。同时，考虑到人工影响天气工作的危险性，人工影响天气作业单位还应当按照规定为作业人员购买人身意外伤害保险。

第三十三条 县级以上气象主管机构应当组织人工影响天气作业单位编制应急预案，并定期组织演练。

人工影响天气作业中发生突发事件的，作业单位应当按照应急预案及时处理，并依法报告当地人民政府或者有关部门。

在实施人工影响天气作业过程中造成人员伤亡、财产损失的，由县级以上人民政府组织有关部门和单位进行调查，并按照有关规定做好事故处理工作。

【释义】 本条是关于人工影响天气应急预案编制、作业事故调查处理的规定。

一、人工影响天气应急预案编制及应急演练组织

《国务院办公厅关于推进人工影响天气工作高质量发展的意见》（国办发〔2020〕47号）规定："制定安全事故处置应急预案，加强应急演练，依法组织开展应急救援和调查处理工作。"人工影响天气作业单位是人工影响天气安全生产工作的责任主体，结合本单位实际制定生产安全事故应急预案，对于第一时间应对生产安全事故，最大限度减少人员、财产损失具有重要意义。县级以上气象主管机构在本级人民政府的领导和协调下，负责本行政区域人工影响天气工作的组织实施和指导管理，应当对人工影响天气作业单位编制应急预案工作进行组织指导，因此，本条第一款规定："县级以上气象主管机构应当组织人工影响天气作业单位编制应急预案，并定期组织演练。"人工影响天气应急预案应包括组织指挥体系及职责、突发事件及事故预防机制、突发事件及事故现场处置流程、善后处置、保障措施等内容。应急预案可以预先明确应急各方的职责和响应程序，在应急资源等方面进行先期准备，以指导应急救援迅速、高效、有序地开展，将事故造成的人员伤亡、财产损失和环境破坏降到最低限度。作业单位应当高度重视应急预案的编制工作，结合本地作业实际，围绕作业易出现问题的关键环节，制定操作性强的应急预案，并定期组织演练，根据演练情况及时修改完善应急预案。

二、人工影响天气突发事件应对

突发事件，一般是指突然发生，造成或者可能造成严重社会危害，需要采取应急处置措施予以应对的自然灾害、事故灾难、公共卫生事件和社会安全事件。人工影响天气作业中发生的突发事件主要包括以下几种情形：一是作业中发生炮弹炸膛、高射炮及火箭发射装置排除故障时意外发射、作业人员违规操作等原因造成人员伤亡的；二是作业中发生炮弹弹丸、火箭弹弹体因故障未自毁或开伞，坠落地面后造成较大的人员伤亡和财产损失的；三是作业设备和弹药发生被盗抢或丢失的；四是因自然灾害对作业点人员、设备及弹药的安全造成较大威胁的。上述情况都有可能成为事故灾难和社会安全事件，仅靠作业单位和气象主管机构难以有效处置。发生突发事件时，作业单位应当按照应急预案及时应急处理，并报告当地人民政府或者有关部门请求组织处置。根据《突发事件应对法》第七条规定："县级人民政府对本行政区域内突发事件的应对工作负责；涉及两个以上行政区域的，由有关行政区域共同的上一级人民政府负责，或者由各有关行政区域的上一级人民政府共同负责。"当地人民政府接到人工影响天气突发事件报告后应当组织有关部门及时处置，提高紧急救援反应速度和协调水平，确保迅速有效地处理各类突发事件，将突发事件对人员、财产和环境造成的损失降至最低程度，最大限度地保障人民群众的生命和财产安全。

三、人工影响天气突发安全事故处置要求

《生产安全事故报告和调查处理条例》第五条规定：“县级以上人民政府应当依照本条例的规定，严格履行职责，及时、准确地完成事故调查处理工作。……参加事故调查处理的部门和单位应当互相配合，提高事故调查处理工作的效率。”《山东省安全生产条例》第三十八条规定：“生产安全事故发生后，县级以上人民政府应当按照国家、省关于事故等级和管理权限的有关规定，组织事故调查组进行调查，并做出处理。事故调查报告和事故处理情况应当依法向社会公布。”本条第三款依据相关法规规定，明确：“在实施人工影响天气作业过程中造成人员伤亡、财产损失的，由县级以上人民政府组织有关部门和单位进行调查，并按照有关规定做好事故处理工作。”工作实践中，根据事故性质及严重程度，按照预案的责任分工和处置流程，由县级以上人民政府组织相关部门开展安全事故的调查处理，可以发挥政府统一领导的优势，尽快完成事故善后处理，减轻社会影响。

第四章 法律责任

本章是关于违反《条例》的行为应承担的法律责任的规定。法律责任是法律制度的重要内容，是法律、法规必不可少的重要组成部分。任何一项完整的法律规范，都应当包括适用条件、行为模式以及违反法律规定的行为模式应承担的法律责任这样3个要素，其中，法律责任是体现法律规范国家强制力的核心部分。如果在一部法律中缺乏法律责任的规定，就难以有效地保证法律规定的权利和义务的实现，使之形同虚设。因此，在法规中，根据其所调整的社会关系的性质、特点，正确、合理地选择、规定法律责任的条款，对保证法规的有效实施具有重要的法律意义和社会意义。《条例》规定的法律责任主要包括行政责任、民事责任和刑事责任。

本章共四条，分别对应《条例》中相关禁止性、强制性规定，明确了违法行为人应当承担的法律责任。

第三十四条 违反本条例规定的行为，法律、行政法规已经规定法律责任的，适用其规定。

【释义】本条是法规与法律、行政法规相衔接的规定。人工影响天气管理的法律责任，《中华人民共和国气象法》《人工影响天气管理条例》这两部直接的上位法，对人工影响天气作业实施、空域申请、设备使用与转让等规定了法律责任，《民用爆炸物品安全管理条例》对民用爆炸物品的安全管理也规定了相应的法律责任，地方性法规不宜再重复，而适用其相关规定。

法律责任是相关主体因不履行或不完全履行法定义务，或者因侵犯他人的法定权益，而应当承担的由国家机关依法确认并强制其承受的法定的不利后果。法律责任是由国家强制力来保障实施的。确定违法行为的法律责任，是法律规范区别于道德规范、政策文件等其他社会规范的重要特征，对于维护法律尊严，教育违法者和广大公民自觉守法具有重要意义。法律责任按照其所承担的责任性质可分为行政责任、民事责任和刑事责任等。按具体承担方式，又可分为人身责任、财产责任、行为责任等。采取何种法律责任形式，应当根据法律所调整、违法行为所侵害的社会关系的性质、特点以及违法行为的情节和社会危害程度等因素来确定。

对违反《条例》规定的行为应当承担的法律责任，分为两种情况：一是《中华人民共和国气象法》《人工影响天气管理条例》《民用爆炸物品安全管理条例》等法律、行政法规已经作出了规定，本条例没有再重复援引，只作了衔接性规定，依据现行有效的法律、法规执行即可；二是对法律、有关行政法规及其他地方性法规没有规定的，本条例作出相应规定，主要体现在《条例》的第三十五条至第三十七条。

一、法律、行政法规已经规定的法律责任

（一）法律规定的法律责任

《中华人民共和国气象法》对违反《条例》规定的下列行为作出了相应的法律责任规定，

主要有：一是人工影响天气作业单位不具备条件实施人工影响天气作业的行为；二是使用年检不合格、超过有效期或者报废的人工影响天气作业设备的行为。针对这两种违法行为，《中华人民共和国气象法》第三十九条规定："由有关气象主管机构按照权限责令改正，给予警告，可以并处十万元以下的罚款；给他人造成损失的，依法承担赔偿责任；构成犯罪的，依法追究刑事责任。"

（二）行政法规规定的法律责任

《人工影响天气管理条例》《民用爆炸物品安全管理条例》等行政法规已经对违反《条例》规定的下列行为作了相应的法律责任规定：一是违反人工影响天气作业规范或者操作规程、未按照批准的空域和作业时限实施人工影响天气作业、将人工影响天气作业设备转让给非人工影响天气作业单位或者个人、将人工影响天气作业设备用于与人工影响天气无关的活动等行为以及人工影响天气作业单位之间转让人工影响天气作业设备未按照规定备案的行为。《人工影响天气管理条例》第十九条规定："造成严重后果的，依照刑法关于危险物品肇事罪、重大责任事故罪或者其他罪的规定，依法追究刑事责任；尚不够刑事处罚的，由有关气象主管机构按照管理权限责令改正，给予警告；情节严重的，禁止从事人工影响天气作业；造成损失的，依法承担赔偿责任。"二是组织实施人工影响天气作业，造成特大安全事故的行为的处理。《人工影响天气管理条例》第二十条规定："对有关主管机构的负责人、直接负责的主管人员和其他直接责任人员，依照《国务院关于特大安全事故行政责任追究的规定》处理。"三是对发生人工影响天气用炮弹、火箭弹丢失、盗抢等情况时，不立即报告的行为，《民用爆炸物品安全管理条例》第五十条规定："由公安机关处二万元以上十万元以下的罚款……有违反治安管理行为的，依法给予治安管理处罚。"

二、《条例》规定的法律责任

法律责任一章第三十五条至三十七条按照不同违法行为主体，具体规定了相应的违法行为应当承担的法律责任。

本条对违反法律、行政法规行为的法律责任作了衔接性表述，法律、行政法规已有的规定的，按照其规定执行。没有规定的，按照《条例》的规定执行。

第三十五条 违反本条例规定，侵占人工影响天气作业场地或者损毁、擅自移动人工影响天气作业设施、设备的，由县级以上气象主管机构责令停止违法行为，限期恢复原状或者采取其他补救措施；逾期拒不恢复原状或者采取其他补救措施的，由气象主管机构依法申请人民法院强制执行，并对违法个人处五百元以上一千元以下罚款，对违法单位处一万元以上五万元以下罚款；造成损害的，依法承担赔偿责任；构成违反治安管理行为的，由公安机关依法给予治安管理处罚；构成犯罪的，依法追究刑事责任。

【释义】本条是关于违反本《条例》规定，侵占人工影响天气作业场地或者损毁、擅自移动人工影响天气作业设施、设备所应承担的法律责任的规定。

一、关于违法主体

本条的违法主体包含公民、法人和其他组织，在罚款额度上区分个人和单位设定不同的罚款数额。

二、关于违法行为

主要是对《条例》第二十三条第一款的禁止行为设定的法律责任。该款规定“任何组织和个人不得侵占人工影响天气作业场地，损毁、擅自移动人工影响天气作业设施、设备。”

三、关于法律责任

本条规定的行为人所应承担相应的法律责任包括行政责任、民事责任和刑事责任 3 种形式。

（一）行政责任

本条规定的行政责任主要是行政处罚。根据本条规定，实施处罚的主体是县级以上气象主管机构和公安机关。在执法过程中根据违法行为的轻重和造成后果的大小等实际情况，气象主管机构或者公安机关有权依法处理。

1. 由气象主管机构给予的罚款处罚。本条在对罚款额度的设定上参照了《中华人民共和国气象法》第三十五条有关危害气象设施行为的法律责任。根据《中华人民共和国气象法》的规定：“侵占、损毁或者未经批准擅自移动气象设施的，处五万元以下的罚款。”所谓罚款，是指气象主管机构对违反本《条例》第二十三条第一款规定的单位和个人给予一定的经济制裁。根据本条规定，气象主管机构可以根据违法行为的性质、情节和造成的后果等具体情况，在申请人民法院强制执行的同时，决定给予罚款的处罚。执行处罚的机关应当将罚款全部上缴国库。对于当事人，本条区分违法单位和违法个人，作了不同罚款幅度的规定。

2. 由公安机关给予的治安管理处罚。治安管理处罚也是一种行政法律责任，只能由公安机关实施。对违反本《条例》第二十三条第一款规定的单位和个人，如果其行为扰乱公共秩序，妨害公共安全，妨害社会管理，具有社会危害性，违反治安管理，但依照《刑法》的规定尚未构成犯罪的，由公安机关依照《中华人民共和国治安管理处罚法》（以下简称《治安管理处罚法》）有关规定给予处罚。《治安管理处罚法》第三十三条第（一）项对“盗窃、损毁油气管道设施、电力电信设施、广播电视设施、水利防汛工程设施或者水文监测、测量、气象测报、环境监测、地质监测、地震监测等公共设施的”违法行为规定了处 10 日以上 15 日以下拘留的处罚。

本条还规定了申请人民法院强制执行的相关内容，因气象主管机构不具有强制执行权，根据《气象设施和气象探测环境保护条例》的相关规定，气象主管机构可以依照《中华人民共和国行政强制法》的规定，对实施本《条例》的违法行为依法申请人民法院强制执行。

（二）民事责任

根据本条规定，凡是实施侵占人工影响天气作业场地或者损毁、擅自移动人工影响天气作业设施、设备行为，给公民、法人和组织造成经济损害或者其他损害的，应当按照民事法律的规定承担相应的民事责任。《中华人民共和国民法典》第一百八十七条规定：“民事主体因同一行为应当承担民事责任、行政责任和刑事责任的，承担行政责任或者刑事责任不影响承担民事责任；民事主体的财产不足以支付的，优先用于承担民事责任。”本条规定承担民事责任的方式主要是恢复原状和赔偿损失。此外，《中华人民共和国行政处罚法》第八条也规定：“公民、法人或者其他组织因违法行为受到行政处罚，其违法行为对他人造成损害的，应当依法承担民事责任。”

（三）刑事责任

实施侵占人工影响天气作业场地或者损毁、擅自移动人工影响天气作业设施、设备行为情节特别严重，构成犯罪的，应当依据《中华人民共和国刑法》的规定依法追究刑事责任。《中华人民共和国刑法》第二百六十四条、第二百七十五条分别对盗窃公私财物，故意毁坏公私财物等行为规定了相应的刑事责任。

第三十六条 违反本条例规定，人工影响天气作业单位未按照规定建立作业档案的，由县级以上气象主管机构责令限期改正，给予警告；逾期不改正的，处二千元以上五千元以下罚款。

【释义】本条是关于违反本《条例》规定，人工影响天气作业单位未按照规定建立作业档案所应承担的法律责任的规定。

一、关于违法主体

本条的违法主体是特定的，为人工影响天气作业单位，责任主体是单位，不是个人。

二、关于违法行为

主要是对《条例》第二十条规定的义务性行为设定的法律责任。该条规定“人工影响天气作业单位应当建立健全人工影响天气作业档案制度。作业档案应当包括作业目的、时段、地点、设备、弹药种类与用量、空域申请与批复等内容。”

三、关于法律责任

本条规定的违法行为人所应承担的法律责任只有一种形式，即承担行政法律责任。根据本条规定，实施行政处罚的主体是县级以上气象主管机构。县级以上气象主管机构在执法过程中根据违法行为的轻重和造成后果的大小等实际情况，依法作出下列行政处罚：

（一）警告

警告属于申诫罚，是指行政机关对有违法行为的公民、法人和其他组织提出警示和告诫，使其认识所应负责任的一种处罚。其目的是通过给予行为人告诫，使其以后不再作出违法行为。警告通常用于情节较轻、危害性不大的违法行为。本条规定的警告，即由有关气象主管机构按照权限对违法者给予的一种较轻的处罚，其目的主要是对违法者给予批评教育，敦促其改正违法行为。根据修订后的《中华人民共和国行政处罚法》第五十九条的规定，行政机关给予当事人行政处罚应当制作行政处罚决定书，行政处罚一般是要式行政行为，因此本条中规定的警告采应当用书面形式。

（二）罚款

罚款属于财产罚，是指行政机关责令有违法行为的公民、法人和其他组织在一定期限内缴纳一定数量货币的处罚行为。本条规定的罚款是指县级以上气象主管机构按照权限对违反《条例》第二十条规定的单位给予一定的经济制裁，即二千元以上五千元以下罚款。需要注意的是，这里的罚款和警告并不是并行的，违法主体只有在逾期不改正的情况下，才会受到罚款的制裁。

第三十七条 气象主管机构、有关部门及其工作人员在人工影响天气工作中滥用职权、玩忽职守、徇私舞弊的，对直接负责的主管人员和其他直接责任人员依法给予处分；构成犯罪的，依法追究刑事责任。

【释义】本条是关于气象主管机构、有关部门及其工作人员违法失职行为行政责任的规定。

一、关于违法主体

本条规定的承担法律责任的主体是气象主管机构、有关部门及其工作人员。这里的有关部门是指《条例》第五条第二款规定的发展改革、工业和信息化、公安、财政、自然资源、生态环境、交通运输、水利、农业农村、应急管理、民航和航空管制等部门和单位。

二、关于违法行为

本条规定的违法行为是气象主管机构、有关部门及其工作人员未按照《条例》规定履行人工影响天气工作职责，在人工影响天气工作中存在滥用职权、玩忽职守、徇私舞弊的行为，也就是不履行法定职责，滥用职权、渎职的行为，其行为特点是不作为或乱作为。《条例》对气象主管机构、有关部门及其工作人员的人工影响天气工作职责作出了具体规定，如第九条规定："县级以上气象主管机构应当根据当地国民经济发展需求和人工影响天气专项规划，制定人工影响天气年度计划，报本级人民政府批准后实施。"第二十一条第二款规定："气象主管机构应当会同有关部门开展人工影响天气作业安全检查和事故隐患排查治理情况的监督检查；对不再具备开展人工影响天气作业条件的单位，按照权限责令停止作业并限期整改。"第三款规定："工业和信息化、公安、交通运输等部门和气象主管机构应当按照各自职责，对人工影响天气作业使用的设备、炮弹、火箭弹的储存、运输进行监督和指导，落实监管措施。"第三十三条第一款规定："县级以上气象主管机构应当组织人工影响天气作业单位编制应急预案，并定期组织演练。"

三、关于法律责任

本条规定的法律责任有两种：一是依法给予处分。对未按照《条例》规定在人工影响天气工作中玩忽职守、滥用职权、徇私舞弊的直接责任人员依法给予处分。根据《中华人民共和国公务员法》第六十二条规定："处分分为：警告、记过、记大过、降级、撤职、开除。"《中华人民共和国公职人员政务处分法》第七条规定："政务处分的种类为：（一）警告；（二）记过；（三）记大过；（四）降级；（五）撤职；（六）开除。"具体适用其中哪一种，应当具体案件具体分析，根据其情节轻重、错误性质、本人认错态度、危害大小等作出适当决定。二是构成犯罪的，依法追究刑事责任。

第五章　附则

附则，是附在法律、法规后面的规则，是法的整体中作为总则和分则辅助性内容而存在的一个组成部分。从立法实践来看，附则作为法律、法规的附带条款，主要可以对以下内容作出规定：一是有关名词、术语的定义；二是法律、法规的适用范围；三是关于解释权的规定；四是关于授权制定实施细则或具体办法的规定；五是关于制定变通或者补充规定的授权规定；六是关于与有关国际公约、条约关系的规定以及与其他法律、法规关系的规定；七是关于实施时间的规定；八是关于其他不适合在总则和分则中规定的内容。《条例》根据需要，在附则中仅对《条例》施行时间作出规定。

第三十八条　本条例自 2022 年 10 月 1 日起施行。

【释义】本条是关于《条例》施行日期的规定。

一、关于《条例》的施行日期

施行日期即《条例》的生效日期。施行日期是法律实施的时间范围问题，即法律从何时开始实施、到何时终止和法律实施后有无溯及力 3 个问题。法律、法规一般都有关于施行日期的规定。从立法实践来看，施行日期主要有 3 种表达方式：第一种是法律、法规条文中明确规定，从其公布之日起生效施行；第二种是法律、法规公布后，并不立即生效施行，经过一定时期的准备后才开始施行，法律中明确规定生效施行的日期；第三种是在法律规定的条件具备后才开始生效。前两种方式比较常用。《条例》于 2022 年 7 月 28 日经山东省第十三届人民代表大会常务委员会第三十六次会议审议通过，自 2022 年 10 月 1 日起施行。因此，《条例》采用的是第二种表达方式。

二、关于《条例》的溯及力

法律的溯及力是指法律溯及既往的效力，是指新的法律、法规颁布后，对它生效前所发生的行为是否适用，是否有约束力的问题。如果适用，就有溯及力；如果不适用，就没有溯及力。我国的立法实践通常采取法律不溯及既往的原则。根据这一原则，《条例》也只对其生效后发生的行为具有约束力，对其生效前发生的行为不具有约束力。本条规定《条例》自 2022 年 10 月 1 日起施行，也就是说，2022 年 10 月 1 日起，在本省行政区域内从事人工影响天气活动受《条例》调整，在此以前的相关活动不适用《条例》，即《条例》无溯及力，不溯及既往。

第三部分　附　录

附录一

山东省人民政府关于提请审议《山东省人工影响天气管理条例（草案）》的议案

省人大常委会：

为了规范和加强人工影响天气工作，科学开发利用空中云水资源，防御和减轻气象灾害，促进生态文明建设，保障经济社会发展，根据《中华人民共和国气象法》等法律、行政法规，结合我省实际，省司法厅会同省气象局起草了《山东省人工影响天气管理条例（草案）》。该《条例（草案）》业经省政府第155次常务会议审议通过，现提请省人大常委会会议审议。

省长：周乃翔

2022年5月11日

关于《山东省人工影响天气管理条例（草案）》的说明

——2022 年 6 月 7 日在山东省第十三届人民代表大会

常务委员会第三十五次会议上

山东省气象局局长　庞鸿魁

主任、各位副主任、秘书长、各位委员：

我受省人民政府委托，现对《山东省人工影响天气管理条例（草案）》（以下简称《条例（草案）》）作如下说明：

一、立法的必要性

人工影响天气，是指为避免或者减轻气象灾害，合理利用气候资源，在适当条件下通过科技手段对局部大气的物理、化学过程进行人工影响，实现增雨雪、防雹、消雨、消雾、防霜等目的的活动。近年来，我省人工影响天气事业迅速发展，每年适时组织开展人工增雨雪、防雹、消雨等人工影响天气作业，在防御自然灾害、服务农业生产、保障重大活动、改善生态环境、辅助森林防（灭）火等方面发挥了重要作用。

随着人工影响天气发展规模越来越大，人工影响天气作业频次不断增加，实践中暴露出以下急需解决的问题：一是缺乏有效的部门协调机制，人工影响天气工作涉及多部门、多行业，实践中因部门协调配合不畅通等因素，影响了人工影响天气工作总体效益的发挥；二是人工影响天气作业弹药储存、运输需要进一步规范，由于上位法的规定已不适应现实情况的变化，目前实践中储存方式不一，储存在作业点临时库房或气象部门自建仓库的情况普遍存在，有的达不到专门存放民用爆炸物品安全标准，运输合规化比例也较低，存在较大安全风险隐患；三是安全管理制度尚未建立完善，各部门不能在政府统一领导下形成安全管理合力，人工影响天气作业的安全管理难度日益增大，作业点建设维护、作业指挥和监督、作业单位和人员管理、作业设施安全管理、安全事故预防与应急处置等方面的工作都需要进一步规范。因此，我省有必要通过地方立法方式对人工影响天气管理工作进行全面规范，为此项工作的顺利开展提供坚实的法制保障。

二、起草过程

早在 2019 年，省气象局就着手《条例（草案）》的起草工作，成立了局主要负责同志任组长的立法领导小组，在广泛调研论证的基础上起草了初稿。《条例（草案）》列入省人大常委会、省政府 2022 年立法计划后，省人大常委会法工委、省司法厅提前介入，全程参与《条例（草案）》的起草和修改论证工作，2 月下旬组成联合调研组，赴德州市齐河县、济南市商河县、潍坊青州市开展立法调研，重点就人工影响天气工作管理制度、作业实施、安全措施、经费保障以及人工影响天气用炮弹、火箭弹储存、运输情况、作业站点规范化建设管理情况等进行了深入细致的调研，实地察看了作业站点、储存仓库、作业设备和弹药等情况，并召开座谈会、论证会，认真听取基层意见和建议，全面了解掌握我省人工影响天气工作的经验做法和发展瓶颈。针对调研中发现的问题，对草案作进一步修改后，发送16个省直属有关部门进行会签。为保证立法质量，使《条例（草案）》的内容更加符合工作实际，我们还依照立法程序的要求，将《条例（草案）》发送16个设区的市政府、有关立法研究基地征求意见，并在网站上公开征求社会公众的意见。根据各方面意见和建议，对《条例（草案）》进行了全面修改完善，数易其稿，形成了目前的草案。该草案已经2022年5月5日省政府第155次常务会议讨论通过。

三、需要说明的几个问题

（一）关于《条例（草案）》制定的指导思想

《条例（草案）》以习近平新时代中国特色社会主义思想为指导，深入贯彻党的十九大及历次全会精神，立足我省实际，紧紧围绕人工影响天气在防灾减灾、生态文明建设中发挥的重要作用，对人工影响天气的基础设施建设、作业队伍建设、资金保障、规范管理、安全生产、高效作业等方面作出规定，明确各级人民政府和相关部门的工作职责，提升我省人工影响天气作业能力和效益，为更好地服务全省经济社会发展、重大战略实施和人民群众民生福祉提供坚实保障。

（二）关于政府及有关部门、单位职责

人工影响天气工作是一项涉及面广的系统工程，需要政府统一领导，协调各方。为此，《条例（草案）》明确规定，县级以上人民政府应当加强对人工影响天气工作的领导，将人工影响天气工作纳入国民经济和社会发展规划，建立完善人工影响天气综合协调机制，加强人工影响天气规范化、标准化建设，加强专业化人工影响天气作业队伍建设，统筹解决人工影响天气工作中的重大问题；气象主管机构负责本行政区域人工影响天气工作的组织实施和指导管理，发展改革、工业和信息化、公安、应急管理、航空管制等部门按照各自职责做好人工影响天气的相关工作。

（三）关于人工影响天气工作的组织实施

人工影响天气作业专业性、技术性较强，为此，《条例（草案）》规定了一套严格的统筹规划和组织实施程序。一是明确实施人工影响天气作业的条件，规定了6种需要作业的情形，充分考虑实际需要和作业效果；二是实施人工影响天气作业应当预先申请空域和作业时限，经航空管制部门批准后方可实施；三是实施人工影响天气作业应当根据具体情况提前公告，在作业点显著位置设置警示标志；四是实施人工影响天气作业应当在批准的空域和时限内，严格按照国家规定的作业规范和操作规程，并接受所在地气象主管机构的指挥、管理和监督；五是作业结束后，应当立即报告航空管制部门，按照规定时限将作业情况报气象主管机构，并建立健全作业档案制度，如实记录作业目的、时段、地点、设备、弹药种类与用量、空域申请与批复等内容。

（四）关于作业点的建设与保护

国务院《人工影响天气管理条例》对作业点建设程序规定较为原则，且未明确作业点保护内容。针对上述问题，《条例（草案）》作了针对性规定：人工影响天气作业点由省气象主管机构会同有关航空管制部门确定，所需场地由当地人民政府予以保障；县级以上人民政府可以根据当地气候特点、地理条件、人员密集度、交通、通信等情况，提出人工影响天气作业点布设需求；人工影响天气作业点不得擅自变动。为维护作业点的安全作业环境，《条例（草案）》还规定任何组织和个人不得侵占人工影响天气作业场地，损毁、移动人工影响天气作业设施；禁止在人工影响天气作业点周围设置妨碍射击的障碍物，或者从事其他对人工影响天气作业有不利影响的活动；人工影响天气作业点所在地的乡镇人民政府、街道办事处应当协助做好人工影响天气作业设施和环境的保护工作。

（五）关于作业单位和人员的管理

国家“放管服”改革先后取消了人工影响天气作业人员和作业单位的资格许可管理，但由于人工影响天气作业的特殊性、危险性，从非许可和事中事后监管的角度明确作业单位基本条件以及强化人员管理十分重要且必要。《条例（草案）》明确了作业单位基本条件，从作业设备、基础设施、作业人员以及相关管理制度等方面提出要求。对从事人工影响天气作业的人员应当按照规定进行岗前培训，掌握相关作业规范和操作规程后，方可从事人工影响天气作业。各级人民政府应当建立健全作业人员劳动保护制度，按照规定给予津贴补贴；人工影响天气作业单位应当为作业人员配备必要的劳动防护装备和器材，依法购买人身意外伤害保险。

（六）关于人工影响天气工作的安全管理

针对近年来安全生产形势严峻的现状，《条例（草案）》专章规定了人工影响天气安全管理。一是明确安全管理职责。县级以上人民政府应当加强对人工影响天气工作的安全管理，将人工影响天气安全工作纳入本级安全生产管理体系；气象主管机构应当会同有关部门对人工影响天气作业开展安全检查，及时排查和消除风险隐患；工业和信息化、公安、交通运输等部门和气象主管机构应当依照各自职责，对人工影响天气作业使用的设备、炮弹、火箭弹的储运进行监督和指导，落实监管措施。二是加强作业设施的安全管理。人工影响天气作业使用的高射炮、火箭发射装置等作业设备以及炮弹、火箭弹等燃爆器材，应当符合国家有关法律、法规的要求和强制性技术标准，由省气象主管机构组织采购，并进行年检，年检不合格的不得用于人工影响天气作业。作业单位可以租用或者自建符合技术标准的民用爆炸物品专用仓库储存人工影响天气作业使用的炮弹、火箭弹，运输应当按照国家有关民用爆炸物品管理规定向公安、交通运输等部门申请办理相关手续。三是明确事故预防与应急处置。县级以上气象主管机构应当组织人工影响天气作业单位编制应急预案，并定期组织演练。在实施人工影响天气作业过程中发生事故的，由县级以上人民政府组织做好处理工作。

（七）关于法律责任

《条例（草案）》针对人工影响天气领域相关违法违规行为，规定了对扰乱作业秩序、违规作业等的处罚处理措施，对气象主管机构及有关部门及其工作人员失职渎职的依法给予处分。

以上说明和《条例（草案）》，请予审议。

山东省人工影响天气管理条例
（草　案）

目　录

第一章　总　则

第一条　为了规范和加强人工影响天气工作，科学开发利用空中云水资源，防御和减轻气象灾害，促进生态文明建设，保障经济社会健康发展，根据《中华人民共和国气象法》等法律、行政法规，结合本省实际，制定本条例。

第二条　在本省行政区域内从事人工影响天气活动，应当遵守本条例。

本条例所称人工影响天气，是指为避免或者减轻气象灾害，合理利用气候资源，在适当条件下通过科技手段对局部大气的物理、化学过程进行人工影响，实现增雨雪、防雹、消减雨雾、防霜等目的的活动。

第三条　县级以上人民政府应当加强对人工影响天气工作的领导，将人工影响天气工作纳入国民经济和社会发展规划，建立完善人工影响天气综合协调机制，加强人工影响天气规范化、标准化建设，统筹解决人工影响天气工作中的重大问题。

县级以上人民政府应当将人工影响天气工作所需经费纳入本级财政预算。

第四条　县级以上气象主管机构在本级人民政府的领导和协调下，负责本行政区域人工影响天气工作的组织实施和指导管理。

发展改革、工业和信息化、公安、财政、交通运输、农业农村、应急管理、民航和航空管制等部门、单位，应当按照职责分工做好人工影响天气的有关工作。

第五条　鼓励和支持人工影响天气科学研究和先进技术的推广应用。

气象主管机构和有关部门应当组织开展人工影响天气在防灾减灾、应对气候变化、生态系统保护与修复、农业生产安全保障和云水资源开发利用等方面的研究，提高人工影响天气作业水平和效益。

第六条　对在人工影响天气工作中做出突出贡献的单位和个人，县级以上人民政府应当给予奖励。

第二章　规划建设与组织实施

第七条　设区的市以上人民政府应当组织气象主管机构和发展改革、财政、农业农村、应急管理等部门编制人工影响天气专项规划。

人工影响天气专项规划应当包括基础设施、科技支撑、队伍建设、安全管理、重点工程、保障措施等内容。

第八条　县级以上气象主管机构应当根据当地国民经济发展需求和人工影响天气专项规划，制定人工影响天气年度工作计划，报本级人民政府批准后实施。

第九条　县级以上气象主管机构应当建立健全人工影响天气指挥、安全管理、天气监测预警、通信、信息处理和作业效果评估等系统，提高人工影响天气科学指挥和精准作业水平。

第十条　人工影响天气作业点由省气象主管机构会同有关航空管制部门统一确定，所需场地由当地人民政府予以保障。

县级以上人民政府可以根据当地气候特点、地理条件、人员密集度、交通、通信等，提出人工影响天气作业点布设需求。

人工影响天气作业点不得擅自变动。

第十一条　人工影响天气作业应当由人工影响天气作业单位依法实施。

人工影响天气作业单位应当具备下列条件：

（一）具有法人资格；

（二）有符合国家技术标准和要求的作业设备；

（三）有符合安全管理规定的作业设备库房、弹药临时储存场所等设施；

（四）有经过专业培训合格的作业指挥人员和作业操作人员；

（五）有完善的作业空域申报制度、作业安全管理制度和作业设备的维护、运输、储存、保管等制度；

（六）省气象主管机构规定的其他条件。

第十二条　有下列情形之一，气象主管机构应当组织人工影响天气作业单位适时开展人工影响天气作业：

（一）出现干旱或者预计旱情持续加重的；

（二）可能出现危害农作物的冰雹天气的；

（三）发生森林火灾或者森林长期处于高火险等级时段的；

（四）重要生态系统保护和修复需要的；

（五）重大活动保障需要的；

（六）其他需要实施人工影响天气作业的情形。

实施人工影响天气作业，应当具备适宜的天气条件，充分考虑实际需要和作业效果。

第十三条　实施人工影响天气作业，应当预先申请空域和作业时限，经航空管制部门批准后方可实施。

利用高射炮、火箭发射装置实施人工影响天气作业，由作业点所在地的县级以上气象主管机构向有关航空管制部门申请空域和作业时限。

利用飞机实施人工影响天气作业，由省气象主管机构向有关航空管制部门申请空域和作业时限。

第十四条　实施人工影响天气作业，作业地的气象主管机构应当根据具体情况提前公告。公告内容应当包括作业起止时间、作业区域、作业设备类型、发现故障弹药的处理方式、意外事故的报告方式等。

作业期间，人工影响天气作业单位应当在作业点显著位置设置警示标志。

第十五条　人工影响天气作业单位应当在批准的空域和时限内，严格按照国家规定的作业规范和操作规程实施作业，并接受所在地气象主管机构的指挥、管理和监督，确保作业安全。

人工影响天气作业单位在作业过程中，收到停止作业的指令时，应当立即停止作业；作业结束后，应当立即报告航空管制部门，并按照规定时限将作业情况报气象主管机构。

第十六条　作业地气象台站应当及时无偿提供实施人工影响天气作业所需的气象探测资料、情报和预报，做好人工影响天气作业所需的气象保障工作。

农业农村、水利、自然资源、生态环境、应急管理等有关部门应当及时无偿提供实施人工影响天气作业所需的灾情、水文、火情、生态环境等资料。

利用飞机实施人工影响天气作业时，有关航空管制部门和机场应当在空域调配、飞机起降、备降和地勤保障等方面做好作业空域和飞机驻场保障工作。

第十七条　跨设区的市、县（市、区）实施人工影响天气作业的，由共同的上一级气象主管机构组织实施。

第十八条　人工影响天气作业单位应当建立健全人工影响天气作业档案制度。

作业档案应当包括作业目的、时段、地点、设备、弹药种类与用量、空域申请与批复等内容。

第三章　安全管理与应急处置

第十九条　县级以上人民政府应当加强对人工影响天气工作的安全管理，将人工影响天气安全工作纳入安全生产管理体系。

气象主管机构应当会同有关部门开展人工影响天气作业安全检查，建立健全安全风险隐患排查治理制度；对不再具备开展人工影响天气作业条件的单位，责令停止作业并限期整改。

工业和信息化、公安、交通运输等部门和气象主管机构应当依照各自职责，对人工影响天气作业使用的设备、炮弹、火箭弹的储存、运输进行监督和指导，落实监管措施。

第二十条　利用高射炮和火箭实施人工影响天气作业的，应当依据国家标准绘制作业安全射界图，并在安全射界范围内实施作业。

第二十一条　任何组织和个人不得侵占人工影响天气作业场地，损毁、移动人工影响天气作业设施。

禁止在人工影响天气作业点周围设置妨碍高射炮、火箭发射装置射击的障碍物，或者从事其他对人工影响天气作业有不利影响的活动。

人工影响天气作业点所在地的乡镇人民政府、街道办事处应当协助做好人工影响天气作业设施和环境的保护工作。

第二十二条 人工影响天气作业使用的高射炮、火箭发射装置等作业设备以及炮弹、火箭弹等燃爆器材，应当符合国家有关武器装备、民用爆炸物品等法律、法规的要求和强制性技术标准。

人工影响天气作业使用的高射炮、火箭发射装置、炮弹、火箭弹，只能用于人工影响天气作业和检修后的试射、训练；发生丢失、盗抢等情况时，应当立即向当地公安机关和气象主管机构报告。

第二十三条 人工影响天气作业使用的高射炮、火箭发射装置、炮弹、火箭弹，由省气象主管机构按照国家有关规定组织采购。

第二十四条 储存人工影响天气作业使用的炮弹、火箭弹，应当遵守国家有关爆炸物品管理的法律、法规。

县级以上人民政府应当组织有关部门，协调做好人工影响天气作业使用的炮弹、火箭弹等储存工作。

作业单位可以租用或者自建符合技术标准的民用爆炸物品专用仓库储存。

第二十五条 作业期间，在人工影响天气作业点临时存放作业所需炮弹、火箭弹的，应当具备临时存放条件，并设专人管理、看护。

作业点的发射装置和弹药不得存放在同一库房。

第二十六条 运输人工影响天气作业使用的炮弹、火箭弹，应当按照国家有关民用爆炸物品管理规定向公安、交通运输等部门申请办理相关手续。

第二十七条 人工影响天气作业使用的高射炮、火箭发射装置由省气象主管机构组织年检；年检不合格的，不得用于人工影响天气作业；经检修仍达不到规定的技术标准和要求的，予以报废。

报废的高射炮、火箭发射装置以及超过有效期的炮弹、火箭弹，由省气象主管机构按照国家规定组织处置。

第二十八条 人工影响天气作业单位不得有下列行为：

（一）将人工影响天气作业设备转让给非人工影响天气作业单位或者个人；

（二）将人工影响天气作业设备用于与人工影响天气无关的活动；

（三）使用年检不合格、超过有效期或者报废的人工影响天气作业设备。

人工影响天气作业单位之间需要转让人工影响天气作业设备的，应当自转让之日起三十日内，向省气象主管机构备案。

第二十九条 人工影响天气作业单位应当按照国务院气象主管机构的规定对从事人工影响天气作业的人员进行岗前培训。人工影响天气作业人员掌握相关作业规范和操作规程后，方可从事人工影响天气作业。

利用高射炮、火箭发射装置从事人工影响天气作业的人员名单，由所在地的气象主管机构抄送当地公安机关备案。

第三十条 各级人民政府和有关部门应当采取措施，加强专业化人工影响天气作业队伍建设，建立健全作业人员劳动保护制度，按照规定给予津贴补贴。

人工影响天气作业单位应当为作业人员配备必要的劳动防护装备和器材，依法购买人身意外伤害保险。

第三十一条 县级以上气象主管机构应当组织人工影响天气作业单位编制应急预案，并定期组织演练。

人工影响天气作业中发生突发事件的，作业单位应当按照应急预案及时处理，并依法报告当地人民政府或者有关部门。

在实施人工影响天气作业过程中造成人员伤亡、财产损失的，由县级以上人民政府组织有关部门和单位进行调查，并按照有关规定做好事故处理工作。

第四章 法律责任

第三十二条 违反本条例规定的行为，法律、行政法规已经规定法律责任的，适用其规定。

第三十三条 违反本条例规定，有下列行为之一的，由县级以上气象主管机构责令停止违法行为，限期恢复原状或者采取其他补救措施，可以对违法个人并处一百元以上一千元以下罚款，对违法单位并处一万元以上五万元以下罚款；造成损失的，依法承担赔偿责任；构成犯罪的，依法追究刑事责任：

（一）侵占人工影响天气作业场地的；

（二）损毁、移动人工影响天气作业设施的；

（三）在作业点周围设置妨碍高射炮、火箭发射装置射击的障碍物的；

（四）从事其他对人工影响天气作业有不利影响活动的。

第三十四条 违反本条例规定，人工影响天气作业单位未按照规定时限将作业情况报气象主管机构或者未按照规定建立作业档案的，由县级以上气象主管机构责令限期改正，给予警告；逾期不改正的，处以一千元以上五千元以下罚款。

第三十五条 气象主管机构、有关部门及其工作人员在人工影响天气工作中滥用职权、玩忽职守、徇私舞弊的，对直接负责的主管人员和其他直接责任人员，依法给予处分；构成犯罪的，依法追究刑事责任。

第五章 附 则

第三十六条 本条例自 年 月 日起施行。

山东省人大农业与农村委员会关于《山东省人工影响天气管理条例（草案）》审议情况的报告

省十三届人大常委会第三十五次会议：

人工影响天气事关人民群众安全福祉，我省历来高度重视人工影响天气工作，省政府办公厅印发《关于推进人工影响天气工作高质量发展的实施意见》（鲁政办〔2021〕9号），明确人工影响天气工作的基础性、公益性定位，要求人工影响天气工作更好服务新时代社会主义现代化强省建设。社会各界和人大代表对人工影响天气工作也十分关心，省十三届人大一次、五次和七次会议上，均有代表提出有关人工影响天气立法的议案，希望省人大常委会进一步提高人工影响天气工作法治化、规范化水平。省人大农业与农村委员会根据大会主席团要求，认真办理代表议案，5年来多次邀请代表参加调研，积极回应代表关切，推动加快立法步伐。2022年，常委会将人工影响天气立法列入年度立法工作计划，强化人工影响天气工作高质量发展的法治支撑和保障，委员会按照立法程序，对条例草案进行了调研和审议。

委员会学习贯彻习近平法治思想，深入学习习近平总书记关于气象工作重要指示精神和中央有关决策部署，进一步统一认识。5月中旬到省气象局召开座谈会，听取立法和相关工作介绍，了解全省基本情况。先后赴省人工影响天气办公室，济南市长清区、平阴县实地调研，查看人工影响天气指挥中心、文昌人工增雨火箭作业点及弹药储存点、象山综合观测基地。委员会聚焦立法的精准性，在调研中同气象工作人员、设备操作人员面对面交流，广泛征求基层一线的意见和建议。同时，委托青岛、烟台、潍坊、德州等市征求相关部门和单位的建议，确保立法更加符合山东实际。聚焦立法的科学性，对上位法相关法律法规、外省已出台的同类地方性法规进行深入研究，学习借鉴兄弟省市的立法经验和做法，探究立法重点问题的科学解决方案。委员会结合省十三届人大历次会议代表议案办理情况，对调研中收集到的意见和建议进行梳理分析，召开委员会会议对条例草案进行了认真审议。

委员会认为，近年来我省人工影响天气事业迅速发展，作业规模越来越大、作业频次快速增加，服务经济、社会和生态效益明显。与此同时，工作中面临的问题和堵点不断凸显，需要进一步明确工作责任、细化工作流程、强化支撑保障，因此，制定《山东省人工影响天气管理条例》非常必要。委员会认为，条例草案充分考量了山东实际和工作需求，突出了需要规范的重点问题，内容全面、比较成熟。委员会同意将条例草案提请本次常委会会议进行审议，并提出以下修改意见：

一、提高思想认识，加强宣传教育，推动形成良好社会氛围

委员会认为，人工影响天气通过持续开展抗旱防雹，助力乡村振兴战略全面实施，通过

积极开发利用空中云水资源，增加河流和大型水库的蓄水量，保障水资源安全，助力我省现代水网建设，通过在灾前开展主动防御，助力防灾减灾，为经济社会高质量发展提供坚实保障。各级各有关部门要深入学习贯彻习近平总书记关于气象工作重要指示精神，将人工影响天气事业发展纳入经济社会发展规划来统筹谋划，引领带动全省人工影响天气事业深度融入地方经济社会大局。要进一步加强全民科普宣传，将人工影响天气作为科普宣传的重要内容，纳入国民教育体系，融入相关科普基地和科普场馆等建设，提高人民群众对人工影响天气工作的科学认知水平，推动形成政府重视、社会支持、群众认同人工影响天气的良好社会氛围。

建议在条例草案第一章总则部分充实有关条款，增加关于科普宣传的内容。

二、完善统筹协调工作机制，加快形成高质量发展合力

委员会认为，要牢固树立“一盘棋”思想，加强对全省人工影响天气工作的统筹规划，建立上下衔接、分工协作、区域协调的工作机制。各级政府及省、市气象部门要加强对基层单位和作业点的政策、资金、人才支持和业务技术指导，进一步提高作业能力和服务效益。各相关部门要强化密切协作和有效联动，建立健全信息交换和作业服务保障机制。各地要建立完善沟通、会商、通报制度，统筹协调人工影响天气作业时间和空间安排，确保作业发挥最大效益，解决更多问题，使人工影响天气惠及更多群众、惠泽更广区域。

要进一步提高政治站位，把人工影响天气事业发展放到黄河流域生态保护和高质量发展的大局中谋划，沿黄各市要共同围绕保护生态环境、保障黄河长治久安、推进水资源节约集约利用等方面需求，因地制宜、分类施策统筹做好人工影响天气工作，切实担负起服务保障黄河流域生态保护和高质量发展的政治责任和历史使命。

建议在条例草案中完善充实关于统筹协调工作机制的内容。

三、聚焦关键领域和重点环节，切实加强人工影响天气安全和应急管理

委员会在调研中收集到的建议集中在安全管理方面。委员会认为，安全责任重于泰山，要坚持人民至上、生命至上，充分研究吸纳各方意见建议，把统筹发展和安全作为完整准确全面贯彻新发展理念、推动人工影响天气工作高质量发展的重要举措。

（一）关于人影弹药储存

调研中有建议提出，条例草案第二十四条第三款规定：“作业单位可以租用或者自建符合技术标准的民用爆炸物品专用仓库储存。”在实际工作中，涉及到改建或者自建专用仓库的审批监管部门仍不明确，条例草案的规定贯彻实施较为困难。委员会认为，既要根据国家有关政策规定和工作需要会同有关部门理清审批流程，落实监管责任，还要创新工作方法，积极探索政府购买服务、第三方配送等弹药储存新模式，进一步理顺和加强弹药储存的安全管理。

（二）关于流动作业点弹药运输

调研中有建议提出，条例草案第二十六条规定：“运输人工影响天气作业使用的炮弹、火箭弹，应当按照国家有关民用爆炸物品管理规定向公安、交通运输等部门申请办理相关手续。”在具体实践中，我省枣庄、烟台、威海、济宁、泰安、菏泽 6 个市的作业点都是流动作业点，无相关配套设施，不具备临时存放弹药的条件。开展工作时由作业单位驾驶作业车辆或将作业设备及人影弹药运送到指定地点实施作业，由于人影作业的时效性和特殊性，到临时作业点开展作业时不具备申请运输许可证的客观条件。委员会认为，应当根据实际情况，充分考虑人工影响天气作业的时效性，既要学习借鉴兄弟省市立法经验，建立完善覆盖全链条的弹药运输安全管理制度设计，还要创新管理模式，探索建立弹药运输绿色通道，简化审批流程，提高工作效率。要提高信息化能力和水平，运用物联网等现代化科技、管理手段，完善对于弹药运输的全流程监控管理，进一步提高人工影响天气安全作业水平。建议会同有关部门研究修改此条款内相关内容。

另外，对条例草案还需作一些必要的文字修改及技术性处理。

以上报告，请审议。

关于《山东省人工影响天气管理条例（草案）》审议结果的报告

——2022 年 7 月 26 日在山东省第十三届人民代表大会常务委员会第三十六次会议上

山东省人大法制委员会

主任、各位副主任、秘书长、各位委员：

省十三届人大常委会第三十五次会议对《山东省人工影响天气管理条例（草案）》（以下简称条例草案）进行了分组审议。常委会组成人员总的认为，为了规范和加强人工影响天气工作，科学开发利用空中云水资源，防御和减轻气象灾害，促进生态文明建设，保障经济社会健康发展，制定本条例很有必要，同时也提出了一些修改意见和建议。会后，法制工作委员会将条例草案印发各设区的市人大常委会、部分省人大代表、立法顾问和立法联系点征求意见，并在山东人大门户网站全文公布，广泛征求社会各界意见。6 月中下旬，法制委员会、法制工作委员会、省司法厅和省气象局组成调研组，先后赴青岛、枣庄、菏泽开展立法调研，听取了市人大常委会、市政府及其有关部门、气象主管机构、人大代表和有关民航企业等方面的意见。法制工作委员会对各方面的意见和建议进行了汇总整理和分析论证，会同有关部门对条例草案作了修改完善。7 月 8 日，法制委员会召开有农业与农村委员会、法制工作委员会和省司法厅有关负责同志参加的会议，对修改后的条例草案进行了逐条审议修改，形成了《山东省人工影响天气管理条例（草案修改稿）》（以下简称条例草案修改稿）。经主任会议研究，决定提请本次常委会会议审议。现将审议结果报告如下：

一、有的常委会组成人员、人大代表和调研成果中有的市提出，人工影响天气不是改变自然，而是在尊重自然、掌握自然规律和遵循相关原则的前提下，通过一定的科技手段对局部大气中的物理过程施加人为影响，以达到趋利避害的目的，建议条例草案增加相关内容。修改时采纳了这一意见，增加一条：“人工影响天气工作应当尊重自然、以人为本，遵循政府主导、统筹协调、科技引领、安全规范的原则。”作为条例草案修改稿第三条。

二、有关专门委员会和有的常委会组成人员提出，人工影响天气工作专业性比较强，建议加强对人工影响天气的科普宣传，提高社会公众对人工影响天气的科学认识，推动形成政府重视、社会支持、群众认同人工影响天气的良好社会氛围。修改时采纳了这一意见，增加一款：“县级以上人民政府和有关部门应当加强对人工影响天气的科普宣传，提高社会公众对人工影响天气的科学认识。”作为条例草案修改稿第七条第一款。

三、有的常委会组成人员、立法顾问和调研成果中有的市提出，为了更好地做好跨设区的市、县（市、区）人工影响天气协同作业，省气象主管机构应当发挥好统筹、指导作用，同时建议对相关协同作业流程予以细化。修改时采纳了这一意见，将条例草案第十七条修改为：“需要跨设区的市、县（市、区）实施人工影响天气作业的，由相关设区的市、县（市、区）人民政府协商确定；协商不成的，由上一级气象主管机构商相关设区的市、县（市、区）人民政府确定。”“省气象主管机构应当统筹本省空中云水资源的开发利用，指导跨设区的市、县（市、区）开展人工影响天气协同作业，提高人工影响天气作业效率。”作为条例草案修改稿第十八条。

此外，还对条例草案作了一些文字修改和技术处理。法制委员会建议本次常委会会议审议后交付表决。

条例草案修改稿和以上报告，请予审议。

关于《山东省人工影响天气管理条例（草案修改稿）》修改情况的说明

——2022年7月28日在山东省第十三届人民代表大会

常务委员会第三十六次会议上

山东省人大法制委员会

主任、各位副主任、秘书长、各位委员：

本次常委会会议分组审议了《山东省人工影响天气管理条例（草案修改稿）》（以下简称条例草案修改稿）。常委会组成人员总的认为，条例草案修改稿经广泛征求意见和反复修改，已经基本成熟，可以提请本次常委会会议表决，同时也提出了一些修改意见和建议。会议期间，法制工作委员会会同有关部门对常委会组成人员的意见和建议进行了研究论证，并对条例草案修改稿作了认真修改。7月27日，法制委员会召开有农业与农村委员会、法制工作委员会、省司法厅负责同志参加的会议，对条例草案修改稿进行了审议修改，形成了《山东省人工影响天气管理条例（草案表决稿）》（以下简称条例草案表决稿）。经主任会议研究，决定提请今天的全体会议表决。现将主要修改情况说明如下：

一、有的常委会组成人员提出，通过对人工影响天气作业效果进行评估，不断总结作业经验，及时改进、调整作业方式或者计划，可以更好地促进人工影响天气工作的开展，建议条例草案修改稿增加相关内容。修改时采纳了这一意见，增加一款："县级以上人民政府应当组织对人工影响天气作业的效果进行科学评估，评估结果作为评价人工影响天气工作的重要依据。"作为条例草案表决稿第九条第二款。

二、有的常委会组成人员提出，为了更好地规范人工影响天气工作，提高人工影响天气作业水平，建议条例草案修改稿增加对人工影响天气工作资金使用情况监督检查的有关内容。修改时采纳了这一意见，增加一条："县级以上人民政府审计、财政等部门应当对人工影响天气工作资金使用情况进行监督检查，对发现的问题依法予以处理。"作为条例草案表决稿第十九条。

此外，还对条例草案修改稿作了一些文字修改和技术处理。

附录二

一、相关法律法规

中华人民共和国气象法

（1999 年 10 月 31 日第九届全国人民代表大会常务委员会第十二次会议通过　根据 2009 年 8 月 27 日第十一届全国人民代表大会常务委员会第十次会议《关于修改部分法律的决定》第一次修正　根据 2014 年 8 月 31 日第十二届全国人民代表大会常务委员会第十次会议《关于修改〈中华人民共和国保险法〉等五部法律的决定》第二次修正　根据 2016 年 11 月 7 日第十二届全国人民代表大会常务委员会第二十四次会议《关于修改〈中华人民共和国对外贸易法〉等十二部法律的决定》第三次修正）

目　　录

第一章　总　则

第一条　为了发展气象事业，规范气象工作，准确、及时地发布气象预报，防御气象灾害，合理开发利用和保护气候资源，为经济建设、国防建设、社会发展和人民生活提供气象服务，制定本法。

第二条　在中华人民共和国领域和中华人民共和国管辖的其他海域从事气象探测、预报、服务和气象灾害防御、气候资源利用、气象科学技术研究等活动，应当遵守本法。

第三条　气象事业是经济建设、国防建设、社会发展和人民生活的基础性公益事业，气象工作应当把公益性气象服务放在首位。

县级以上人民政府应当加强对气象工作的领导和协调，将气象事业纳入中央和地方同级国民经济和社会发展计划及财政预算，以保障其充分发挥为社会公众、政府决策和经济发展服务的功能。

县级以上地方人民政府根据当地社会经济发展的需要所建设的地方气象事业项目，其投资主要由本级财政承担。

气象台站在确保公益性气象无偿服务的前提下，可以依法开展气象有偿服务。

第四条 县、市气象主管机构所属的气象台站应当主要为农业生产服务，及时主动提供保障当地农业生产所需的公益性气象信息服务。

第五条 国务院气象主管机构负责全国的气象工作。地方各级气象主管机构在上级气象主管机构和本级人民政府的领导下，负责本行政区域内的气象工作。

国务院其他有关部门和省、自治区、直辖市人民政府其他有关部门所属的气象台站，应当接受同级气象主管机构对其气象工作的指导、监督和行业管理。

第六条 从事气象业务活动，应当遵守国家制定的气象技术标准、规范和规程。

第七条 国家鼓励和支持气象科学技术研究、气象科学知识普及，培养气象人才，推广先进的气象科学技术，保护气象科技成果，加强国际气象合作与交流，发展气象信息产业，提高气象工作水平。

各级人民政府应当关心和支持少数民族地区、边远贫困地区、艰苦地区和海岛的气象台站的建设和运行。

对在气象工作中做出突出贡献的单位和个人，给予奖励。

第八条 外国的组织和个人在中华人民共和国领域和中华人民共和国管辖的其他海域从事气象活动，必须经国务院气象主管机构会同有关部门批准。

第二章 气象设施的建设与管理

第九条 国务院气象主管机构应当组织有关部门编制气象探测设施、气象信息专用传输设施、大型气象专用技术装备等重要气象设施的建设规划，报国务院批准后实施。气象设施建设规划的调整、修改，必须报国务院批准。

编制气象设施建设规划，应当遵循合理布局、有效利用、兼顾当前与长远需要的原则，避免重复建设。

第十条 重要气象设施建设项目应当符合重要气象设施建设规划要求，并在项目建议书和可行性研究报告批准前，征求国务院气象主管机构或者省、自治区、直辖市气象主管机构的意见。

第十一条 国家依法保护气象设施，任何组织或者个人不得侵占、损毁或者擅自移动气象设施。

气象设施因不可抗力遭受破坏时，当地人民政府应当采取紧急措施，组织力量修复，确保气象设施正常运行。

第十二条 未经依法批准，任何组织或者个人不得迁移气象台站；确因实施城市规划或者国家重点工程建设，需要迁移国家基准气候站、基本气象站的，应当报经国务院气象主管机构批准；需要迁移其他气象台站的，应当报经省、自治区、直辖市气象主管机构批准。迁建费用由建设单位承担。

第十三条 气象专用技术装备应当符合国务院气象主管机构规定的技术要求，并经国务院气象主管机构审查合格；未经审查或者审查不合格的，不得在气象业务中使用。

第十四条 气象计量器具应当依照《中华人民共和国计量法》的有关规定，经气象计量检定机构检定。未经检定、检定不合格或者超过检定有效期的气象计量器具，不得使用。

国务院气象主管机构和省、自治区、直辖市气象主管机构可以根据需要建立气象计量标准器具，其各项最高计量标准器具依照《中华人民共和国计量法》的规定，经考核合格后，方可使用。

第三章　气象探测

第十五条 各级气象主管机构所属的气象台站，应当按照国务院气象主管机构的规定，进行气象探测并向有关气象主管机构汇交气象探测资料。未经上级气象主管机构批准，不得中止气象探测。

国务院气象主管机构及有关地方气象主管机构应当按照国家规定适时发布基本气象探测资料。

第十六条 国务院其他有关部门和省、自治区、直辖市人民政府其他有关部门所属的气象台站及其他从事气象探测的组织和个人，应当按照国家有关规定向国务院气象主管机构或者省、自治区、直辖市气象主管机构汇交所获得的气象探测资料。

各级气象主管机构应当按照气象资料共享、共用的原则，根据国家有关规定，与其他从事气象工作的机构交换有关气象信息资料。

第十七条 在中华人民共和国内水、领海和中华人民共和国管辖的其他海域的海上钻井平台和具有中华人民共和国国籍的在国际航线上飞行的航空器、远洋航行的船舶，应当按照国家有关规定进行气象探测并报告气象探测信息。

第十八条 基本气象探测资料以外的气象探测资料需要保密的，其密级的确定、变更和解密以及使用，依照《中华人民共和国保守国家秘密法》的规定执行。

第十九条 国家依法保护气象探测环境，任何组织和个人都有保护气象探测环境的义务。

第二十条 禁止下列危害气象探测环境的行为：

（一）在气象探测环境保护范围内设置障碍物、进行爆破和采石；

（二）在气象探测环境保护范围内设置影响气象探测设施工作效能的高频电磁辐射装置；

（三）在气象探测环境保护范围内从事其他影响气象探测的行为。

气象探测环境保护范围的划定标准由国务院气象主管机构规定。各级人民政府应当按照法定标准划定气象探测环境的保护范围，并纳入城市规划或者村庄和集镇规划。

第二十一条 新建、扩建、改建建设工程，应当避免危害气象探测环境；确实无法避免的，建设单位应当事先征得省、自治区、直辖市气象主管机构的同意，并采取相应的措施后，方可建设。

第四章 气象预报与灾害性天气警报

第二十二条 国家对公众气象预报和灾害性天气警报实行统一发布制度。

各级气象主管机构所属的气象台站应当按照职责向社会发布公众气象预报和灾害性天气警报，并根据天气变化情况及时补充或者订正。其他任何组织或者个人不得向社会发布公众气象预报和灾害性天气警报。

国务院其他有关部门和省、自治区、直辖市人民政府其他有关部门所属的气象台站，可以发布供本系统使用的专项气象预报。

各级气象主管机构及其所属的气象台站应当提高公众气象预报和灾害性天气警报的准确性、及时性和服务水平。

第二十三条 各级气象主管机构所属的气象台站应当根据需要，发布农业气象预报、城市环境气象预报、火险气象等级预报等专业气象预报，并配合军事气象部门进行国防建设所需的气象服务工作。

第二十四条 各级广播、电视台站和省级人民政府指定的报纸，应当安排专门的时间或者版面，每天播发或者刊登公众气象预报或者灾害性天气警报。

各级气象主管机构所属的气象台站应当保证其制作的气象预报节目的质量。

广播、电视播出单位改变气象预报节目播发时间安排的，应当事先征得有关气象台站的同意；对国计民生可能产生重大影响的灾害性天气警报和补充、订正的气象预报，应当及时增播或者插播。

第二十五条 广播、电视、报纸、电信等媒体向社会传播气象预报和灾害性天气警报，必须使用气象主管机构所属的气象台站提供的适时气象信息，并标明发布时间和气象台站的名称。通过传播气象信息获得的收益，应当提取一部分支持气象事业的发展。

第二十六条 信息产业部门应当与气象主管机构密切配合，确保气象通信畅通，准确、及时地传递气象情报、气象预报和灾害性天气警报。

气象无线电专用频道和信道受国家保护，任何组织或者个人不得挤占和干扰。

第五章 气象灾害防御

第二十七条 县级以上人民政府应当加强气象灾害监测、预警系统建设，组织有关部门编制气象灾害防御规划，并采取有效措施，提高防御气象灾害的能力。有关组织和个人应当服从人民政府的指挥和安排，做好气象灾害防御工作。

第二十八条 各级气象主管机构应当组织对重大灾害性天气的跨地区、跨部门的联合监测、预报工作，及时提出气象灾害防御措施，并对重大气象灾害作出评估，为本级人民政府组织防御气象灾害提供决策依据。

各级气象主管机构所属的气象台站应当加强对可能影响当地的灾害性天气的监测和预报，并及时报告有关气象主管机构。其他有关部门所属的气象台站和与灾害性天气监测、预报有关的单位应当及时向气象主管机构提供监测、预报气象灾害所需要的气象探测信息和有关的水情、风暴潮等监测信息。

第二十九条 县级以上地方人民政府应当根据防御气象灾害的需要，制定气象灾害防御方案，并根据气象主管机构提供的气象信息，组织实施气象灾害防御方案，避免或者减轻气象灾害。

第三十条 县级以上人民政府应当加强对人工影响天气工作的领导，并根据实际情况，有组织、有计划地开展人工影响天气工作。

国务院气象主管机构应当加强对全国人工影响天气工作的管理和指导。地方各级气象主管机构应当制定人工影响天气作业方案，并在本级人民政府的领导和协调下，管理、指导和组织实施人工影响天气作业。有关部门应当按照职责分工，配合气象主管机构做好人工影响天气的有关工作。

实施人工影响天气作业的组织必须具备省、自治区、直辖市气象主管机构规定的条件，并使用符合国务院气象主管机构要求的技术标准的作业设备，遵守作业规范。

第三十一条 各级气象主管机构应当加强对雷电灾害防御工作的组织管理，并会同有关部门指导对可能遭受雷击的建筑物、构筑物和其他设施安装的雷电灾害防护装置的检测工作。

安装的雷电灾害防护装置应当符合国务院气象主管机构规定的使用要求。

第六章 气候资源开发利用和保护

第三十二条 国务院气象主管机构负责全国气候资源的综合调查、区划工作，组织进行气候监测、分析、评价，并对可能引起气候恶化的大气成分进行监测，定期发布全国气候状况公报。

第三十三条 县级以上地方人民政府应当根据本地区气候资源的特点，对气候资源开发利用的方向和保护的重点作出规划。

地方各级气象主管机构应当根据本级人民政府的规划，向本级人民政府和同级有关部门提出利用、保护气候资源和推广应用气候资源区划等成果的建议。

第三十四条 各级气象主管机构应当组织对城市规划、国家重点建设工程、重大区域性经济开发项目和大型太阳能、风能等气候资源开发利用项目进行气候可行性论证。

具有大气环境影响评价资质的单位进行工程建设项目大气环境影响评价时，应当使用符合国家气象技术标准的气象资料。

第七章 法律责任

第三十五条 违反本法规定，有下列行为之一的，由有关气象主管机构按照权限责令停止违法行为，限期恢复原状或者采取其他补救措施，可以并处五万元以下的罚款；造成损失的，依法承担赔偿责任；构成犯罪的，依法追究刑事责任：

（一）侵占、损毁或者未经批准擅自移动气象设施的；

（二）在气象探测环境保护范围内从事危害气象探测环境活动的。

在气象探测环境保护范围内，违法批准占用土地的，或者非法占用土地新建建筑物或者其他设施的，依照《中华人民共和国城乡规划法》或者《中华人民共和国土地管理法》的有关规定处罚。

第三十六条　违反本法规定，使用不符合技术要求的气象专用技术装备，造成危害的，由有关气象主管机构按照权限责令改正，给予警告，可以并处五万元以下的罚款。

第三十七条　违反本法规定，安装不符合使用要求的雷电灾害防护装置的，由有关气象主管机构责令改正，给予警告。使用不符合使用要求的雷电灾害防护装置给他人造成损失的，依法承担赔偿责任。

第三十八条　违反本法规定，有下列行为之一的，由有关气象主管机构按照权限责令改正，给予警告，可以并处五万元以下的罚款：

（一）非法向社会发布公众气象预报、灾害性天气警报的；

（二）广播、电视、报纸、电信等媒体向社会传播公众气象预报、灾害性天气警报，不使用气象主管机构所属的气象台站提供的适时气象信息的；

（三）从事大气环境影响评价的单位进行工程建设项目大气环境影响评价时，使用的气象资料不符合国家气象技术标准的。

第三十九条　违反本法规定，不具备省、自治区、直辖市气象主管机构规定的条件实施人工影响天气作业的，或者实施人工影响天气作业使用不符合国务院气象主管机构要求的技术标准的作业设备的，由有关气象主管机构按照权限责令改正，给予警告，可以并处十万元以下的罚款；给他人造成损失的，依法承担赔偿责任；构成犯罪的，依法追究刑事责任。

第四十条　各级气象主管机构及其所属气象台站的工作人员由于玩忽职守，导致重大漏报、错报公众气象预报、灾害性天气警报，以及丢失或者毁坏原始气象探测资料、伪造气象资料等事故的，依法给予行政处分；致使国家利益和人民生命财产遭受重大损失，构成犯罪的，依法追究刑事责任。

第八章　附　则

第四十一条　本法中下列用语的含义是：

（一）气象设施，是指气象探测设施、气象信息专用传输设施、大型气象专用技术装备等；

（二）气象探测，是指利用科技手段对大气和近地层的大气物理过程、现象及其化学性质等进行的系统观察和测量；

（三）气象探测环境，是指为避开各种干扰保证气象探测设施准确获得气象探测信息所必需的最小距离构成的环境空间；

（四）气象灾害，是指台风、暴雨（雪）、寒潮、大风（沙尘暴）、低温、高温、干旱、雷电、冰雹、霜冻和大雾等所造成的灾害；

（五）人工影响天气，是指为避免或者减轻气象灾害，合理利用气候资源，在适当条件下通过科技手段对局部大气的物理、化学过程进行人工影响，实现增雨雪、防雹、消雨、消雾、防霜等目的的活动。

第四十二条　气象台站和其他开展气象有偿服务的单位，从事气象有偿服务的范围、项目、收费等具体管理办法，由国务院依据本法规定。

第四十三条　中国人民解放军气象工作的管理办法，由中央军事委员会制定。

第四十四条 中华人民共和国缔结或者参加的有关气象活动的国际条约与本法有不同规定的，适用该国际条约的规定；但是，中华人民共和国声明保留的条款除外。

第四十五条 本法自 2000 年 1 月 1 日起施行。1994 年 8 月 18 日国务院发布的《中华人民共和国气象条例》同时废止。

中华人民共和国安全生产法

（节录）

（2002 年 6 月 29 日第九届全国人民代表大会常务委员会第二十八次会议通过　根据 2009 年 8 月 27 日第十一届全国人民代表大会常务委员会第十次会议《关于修改部分法律的决定》第一次修正　根据 2014 年 8 月 31 日第十二届全国人民代表大会常务委员会第十次会议《关于修改〈中华人民共和国安全生产法〉的决定》第二次修正　根据 2021 年 6 月 10 日第十三届全国人民代表大会常务委员会第二十九次会议《关于修改〈中华人民共和国安全生产法〉的决定》第三次修正）

第九条　国务院和县级以上地方各级人民政府应当加强对安全生产工作的领导，建立健全安全生产工作协调机制，支持、督促各有关部门依法履行安全生产监督管理职责，及时协调、解决安全生产监督管理中存在的重大问题。

乡镇人民政府和街道办事处，以及开发区、工业园区、港区、风景区等应当明确负责安全生产监督管理的有关工作机构及其职责，加强安全生产监管力量建设，按照职责对本行政区域或者管理区域内生产经营单位安全生产状况进行监督检查，协助人民政府有关部门或者按照授权依法履行安全生产监督管理职责。

第三十五条　生产经营单位应当在有较大危险因素的生产经营场所和有关设施、设备上，设置明显的安全警示标志。

第四十五条　生产经营单位必须为从业人员提供符合国家标准或者行业标准的劳动防护用品，并监督、教育从业人员按照使用规则佩戴、使用。

第八十一条　生产经营单位应当制定本单位生产安全事故应急救援预案，与所在地县级以上地方人民政府组织制定的生产安全事故应急救援预案相衔接，并定期组织演练。

人工影响天气管理条例

（2002年3月19日中华人民共和国国务院令第348号公布　根据2020年3月27日《国务院关于修改和废止部分行政法规的决定》修订）

第一条　为了加强对人工影响天气工作的管理，防御和减轻气象灾害，根据《中华人民共和国气象法》的有关规定，制定本条例。

第二条　在中华人民共和国领域内从事人工影响天气活动，应当遵守本条例。

第三条　本条例所称人工影响天气，是指为避免或者减轻气象灾害，合理利用气候资源，在适当条件下通过科技手段对局部大气的物理、化学过程进行人工影响，实现增雨雪、防雹、消雨、消雾、防霜等目的的活动。

第四条　人工影响天气工作按照作业规模和影响范围，在作业地县级以上地方人民政府的领导和协调下，由气象主管机构组织实施和指导管理。

第五条　开展人工影响天气工作，应当制定人工影响天气工作计划。人工影响天气工作计划由有关地方气象主管机构商同级有关部门编制，报本级人民政府批准后实施。

按照有关人民政府批准的人工影响天气工作计划开展的人工影响天气工作属于公益性事业，所需经费列入该级人民政府的财政预算。

第六条　组织实施人工影响天气作业，应当具备适宜的天气气候条件，充分考虑当地防灾减灾的需要和作业效果。

第七条　国家鼓励和支持人工影响天气科学技术研究，推广使用先进技术。

县级以上地方人民政府应当组织专家对人工影响天气作业的效果进行评估，并根据评估结果，对提供决策依据的有关单位给予奖惩。

第八条　人工影响天气的作业地点，由省、自治区、直辖市气象主管机构根据当地气候特点、地理条件，依照《中华人民共和国民用航空法》《中华人民共和国飞行基本规则》的有关规定，会同有关飞行管制部门确定。

第九条　从事人工影响天气作业的单位，应当符合省、自治区、直辖市气象主管机构规定的条件。

第十条　人工影响天气作业单位应当按照国务院气象主管机构制定的人工影响天气作业人员培训标准对从事人工影响天气作业的人员进行岗前培训。人工影响天气作业人员应当掌握相关作业规范和操作规程后，方可实施人工影响天气作业。

利用高射炮、火箭发射装置从事人工影响天气作业的人员名单，由所在地的气象主管机构抄送当地公安机关备案。

第十一条　利用高射炮、火箭发射装置实施人工影响天气作业，由作业地的县级以上地方气象主管机构向有关飞行管制部门申请空域和作业时限。

利用飞机实施人工影响天气作业，由省、自治区、直辖市气象主管机构向有关飞行管制部门申请空域和作业时限；所需飞机由军队或者民航部门按照供需双方协商确定的方式提供；机场管理机构及有关单位应当根据人工影响天气工作计划做好保障工作。

有关飞行管制部门接到申请后，应当及时作出决定并通知申请人。

第十二条　实施人工影响天气作业，必须在批准的空域和作业时限内，严格按照国务院气象主管机构规定的作业规范和操作规程进行，并接受县级以上地方气象主管机构的指挥、管理和监督，确保作业安全。

实施人工影响天气作业，作业地的气象主管机构应当根据具体情况提前公告，并通知当地公安机关做好安全保卫工作。

第十三条　作业地气象台站应当及时无偿提供实施人工影响天气作业所需的气象探测资料、情报、预报。

农业农村、水利、自然资源、应急管理、林业和草原等有关部门应当及时无偿提供实施人工影响天气作业所需的灾情、水文、火情等资料。

第十四条　需要跨省、自治区、直辖市实施人工影响天气作业的，由有关省、自治区、直辖市人民政府协商确定；协商不成的，由国务院气象主管机构商有关省、自治区、直辖市人民政府确定。

第十五条　实施人工影响天气作业使用的火箭发射装置、炮弹、火箭弹，由国务院气象主管机构和有关部门共同指定的企业按照国家有关强制性技术标准和要求组织生产。

因作业需要采购前款规定设备的，由省、自治区、直辖市气象主管机构按照国家有关政府采购的规定组织采购。

第十六条　运输、存储人工影响天气作业使用的高射炮、火箭发射装置、炮弹、火箭弹，应当遵守国家有关武器装备、爆炸物品管理的法律、法规。实施人工影响天气作业使用的炮弹、火箭弹，由军队、当地人民武装部协助存储；需要调运的，由有关部门依照国家有关武器装备、爆炸物品管理的法律、法规的规定办理手续。

第十七条　实施人工影响天气作业使用的高射炮、火箭发射装置，由省、自治区、直辖市气象主管机构组织年检；年检不合格的，应当立即进行检修，经检修仍达不到规定的技术标准和要求的，予以报废。

第十八条　禁止下列行为：

（一）将人工影响天气作业设备转让给非人工影响天气作业单位或者个人；

（二）将人工影响天气作业设备用于与人工影响天气无关的活动；

（三）使用年检不合格、超过有效期或者报废的人工影响天气作业设备。

人工影响天气作业单位之间转让人工影响天气作业设备的，应当自转让之日起三十日内向有关省、自治区、直辖市气象主管机构备案。

第十九条　违反本条例规定，有下列行为之一，造成严重后果的，依照刑法关于危险物品肇事罪、重大责任事故罪或者其他罪的规定，依法追究刑事责任；尚不够刑事处罚的，由有关气象主管机构按照管理权限责令改正，给予警告；情节严重的，禁止从事人工影响天气作业；造成损失的，依法承担赔偿责任：

（一）违反人工影响天气作业规范或者操作规程的；

（二）未按照批准的空域和作业时限实施人工影响天气作业的；

（三）将人工影响天气作业设备转让给非人工影响天气作业单位或者个人的；

（四）人工影响天气作业单位之间转让人工影响天气作业设备，未按照规定备案的；

（五）将人工影响天气作业设备用于与人工影响天气无关的活动的。

第二十条 违反本条例规定，组织实施人工影响天气作业，造成特大安全事故的，对有关主管机构的负责人、直接负责的主管人员和其他直接责任人员，依照《国务院关于特大安全事故行政责任追究的规定》处理。

第二十一条 为军事目的从事人工影响天气活动的具体管理办法，由中央军事委员会制定。

第二十二条 本条例自2002年5月1日起施行。

民用爆炸物品安全管理条例

（2006年5月10日中华人民共和国国务院令第466号公布 根据2014年7月29日《国务院关于修改部分行政法规的决定》修订）

第一章 总 则

第一条 为了加强对民用爆炸物品的安全管理，预防爆炸事故发生，保障公民生命、财产安全和公共安全，制定本条例。

第二条 民用爆炸物品的生产、销售、购买、进出口、运输、爆破作业和储存以及硝酸铵的销售、购买，适用本条例。

本条例所称民用爆炸物品，是指用于非军事目的、列入民用爆炸物品品名表的各类火药、炸药及其制品和雷管、导火索等点火、起爆器材。

民用爆炸物品品名表，由国务院民用爆炸物品行业主管部门会同国务院公安部门制定、公布。

第三条 国家对民用爆炸物品的生产、销售、购买、运输和爆破作业实行许可证制度。

未经许可，任何单位或者个人不得生产、销售、购买、运输民用爆炸物品，不得从事爆破作业。

严禁转让、出借、转借、抵押、赠送、私藏或者非法持有民用爆炸物品。

第四条 民用爆炸物品行业主管部门负责民用爆炸物品生产、销售的安全监督管理。

公安机关负责民用爆炸物品公共安全管理和民用爆炸物品购买、运输、爆破作业的安全监督管理，监控民用爆炸物品流向。

安全生产监督、铁路、交通、民用航空主管部门依照法律、行政法规的规定，负责做好民用爆炸物品的有关安全监督管理工作。

民用爆炸物品行业主管部门、公安机关、工商行政管理部门按照职责分工，负责组织查处非法生产、销售、购买、储存、运输、邮寄、使用民用爆炸物品的行为。

第五条 民用爆炸物品生产、销售、购买、运输和爆破作业单位（以下称民用爆炸物品从业单位）的主要负责人是本单位民用爆炸物品安全管理责任人，对本单位的民用爆炸物品安全管理工作全面负责。

民用爆炸物品从业单位是治安保卫工作的重点单位，应当依法设置治安保卫机构或者配备治安保卫人员，设置技术防范设施，防止民用爆炸物品丢失、被盗、被抢。

民用爆炸物品从业单位应当建立安全管理制度、岗位安全责任制度，制定安全防范措施和事故应急预案，设置安全管理机构或者配备专职安全管理人员。

第六条 无民事行为能力人、限制民事行为能力人或者曾因犯罪受过刑事处罚的人，不得从事民用爆炸物品的生产、销售、购买、运输和爆破作业。

民用爆炸物品从业单位应当加强对本单位从业人员的安全教育、法制教育和岗位技术培训，从业人员经考核合格的，方可上岗作业；对有资格要求的岗位，应当配备具有相应资格的人员。

第七条 国家建立民用爆炸物品信息管理系统，对民用爆炸物品实行标识管理，监控民用爆炸物品流向。

民用爆炸物品生产企业、销售企业和爆破作业单位应当建立民用爆炸物品登记制度，如实将本单位生产、销售、购买、运输、储存、使用民用爆炸物品的品种、数量和流向信息输入计算机系统。

第八条 任何单位或者个人都有权举报违反民用爆炸物品安全管理规定的行为；接到举报的主管部门、公安机关应当立即查处，并为举报人员保密，对举报有功人员给予奖励。

第九条 国家鼓励民用爆炸物品从业单位采用提高民用爆炸物品安全性能的新技术，鼓励发展民用爆炸物品生产、配送、爆破作业一体化的经营模式。

第二章　生　产

第十条 设立民用爆炸物品生产企业，应当遵循统筹规划、合理布局的原则。

第十一条 申请从事民用爆炸物品生产的企业，应当具备下列条件：

（一）符合国家产业结构规划和产业技术标准；

（二）厂房和专用仓库的设计、结构、建筑材料、安全距离以及防火、防爆、防雷、防静电等安全设备、设施符合国家有关标准和规范；

（三）生产设备、工艺符合有关安全生产的技术标准和规程；

（四）有具备相应资格的专业技术人员、安全生产管理人员和生产岗位人员；

（五）有健全的安全管理制度、岗位安全责任制度；

（六）法律、行政法规规定的其他条件。

第十二条 申请从事民用爆炸物品生产的企业，应当向国务院民用爆炸物品行业主管部门提交申请书、可行性研究报告以及能够证明其符合本条例第十一条规定条件的有关材料。国务院民用爆炸物品行业主管部门应当自受理申请之日起45日内进行审查，对符合条件的，核发《民用爆炸物品生产许可证》；对不符合条件的，不予核发《民用爆炸物品生产许可证》，书面向申请人说明理由。

民用爆炸物品生产企业为调整生产能力及品种进行改建、扩建的，应当依照前款规定申请办理《民用爆炸物品生产许可证》。

民用爆炸物品生产企业持《民用爆炸物品生产许可证》到工商行政管理部门办理工商登记，并在办理工商登记后3日内，向所在地县级人民政府公安机关备案。

第十三条 取得《民用爆炸物品生产许可证》的企业应当在基本建设完成后，向省、自治区、直辖市人民政府民用爆炸物品行业主管部门申请安全生产许可。省、自治区、直辖市人民政府民用爆炸物品行业主管部门应当依照《安全生产许可证条例》的规定对其进行查验，对符合条件的，核发《民用爆炸物品安全生产许可证》。民用爆炸物品生产企业取得《民用爆炸物品安全生产许可证》后，方可生产民用爆炸物品。

第十四条 民用爆炸物品生产企业应当严格按照《民用爆炸物品生产许可证》核定的品种和产量进行生产，生产作业应当严格执行安全技术规程的规定。

第十五条 民用爆炸物品生产企业应当对民用爆炸物品做出警示标识、登记标识，对雷管编码打号。民用爆炸物品警示标识、登记标识和雷管编码规则，由国务院公安部门会同国务院民用爆炸物品行业主管部门规定。

第十六条 民用爆炸物品生产企业应当建立健全产品检验制度，保证民用爆炸物品的质量符合相关标准。民用爆炸物品的包装，应当符合法律、行政法规的规定以及相关标准。

第十七条 试验或者试制民用爆炸物品，必须在专门场地或者专门的试验室进行。严禁在生产车间或者仓库内试验或者试制民用爆炸物品。

第三章 销售和购买

第十八条 申请从事民用爆炸物品销售的企业，应当具备下列条件：

（一）符合对民用爆炸物品销售企业规划的要求；

（二）销售场所和专用仓库符合国家有关标准和规范；

（三）有具备相应资格的安全管理人员、仓库管理人员；

（四）有健全的安全管理制度、岗位安全责任制度；

（五）法律、行政法规规定的其他条件。

第十九条 申请从事民用爆炸物品销售的企业，应当向所在地省、自治区、直辖市人民政府民用爆炸物品行业主管部门提交申请书、可行性研究报告以及能够证明其符合本条例第十八条规定条件的有关材料。省、自治区、直辖市人民政府民用爆炸物品行业主管部门应当自受理申请之日起 30 日内进行审查，并对申请单位的销售场所和专用仓库等经营设施进行查验，对符合条件的，核发《民用爆炸物品销售许可证》；对不符合条件的，不予核发《民用爆炸物品销售许可证》，书面向申请人说明理由。

民用爆炸物品销售企业持《民用爆炸物品销售许可证》到工商行政管理部门办理工商登记后，方可销售民用爆炸物品。

民用爆炸物品销售企业应当在办理工商登记后 3 日内，向所在地县级人民政府公安机关备案。

第二十条 民用爆炸物品生产企业凭《民用爆炸物品生产许可证》，可以销售本企业生产的民用爆炸物品。

民用爆炸物品生产企业销售本企业生产的民用爆炸物品，不得超出核定的品种、产量。

第二十一条 民用爆炸物品使用单位申请购买民用爆炸物品的，应当向所在地县级人民政府公安机关提出购买申请，并提交下列有关材料：

（一）工商营业执照或者事业单位法人证书；

（二）《爆破作业单位许可证》或者其他合法使用的证明；

（三）购买单位的名称、地址、银行账户；

（四）购买的品种、数量和用途说明。

受理申请的公安机关应当自受理申请之日起 5 日内对提交的有关材料进行审查，对符合条件的，核发《民用爆炸物品购买许可证》；对不符合条件的，不予核发《民用爆炸物品购买许可证》，书面向申请人说明理由。

《民用爆炸物品购买许可证》应当载明许可购买的品种、数量、购买单位以及许可的有效期限。

第二十二条 民用爆炸物品生产企业凭《民用爆炸物品生产许可证》购买属于民用爆炸物品的原料，民用爆炸物品销售企业凭《民用爆炸物品销售许可证》向民用爆炸物品生产企业购买民用爆炸物品，民用爆炸物品使用单位凭《民用爆炸物品购买许可证》购买民用爆炸物品，还应当提供经办人的身份证明。

销售民用爆炸物品的企业，应当查验前款规定的许可证和经办人的身份证明；对持《民用爆炸物品购买许可证》购买的，应当按照许可的品种、数量销售。

第二十三条 销售、购买民用爆炸物品，应当通过银行账户进行交易，不得使用现金或者实物进行交易。

销售民用爆炸物品的企业，应当将购买单位的许可证、银行账户转账凭证、经办人的身份证明复印件保存 2 年备查。

第二十四条 销售民用爆炸物品的企业，应当自民用爆炸物品买卖成交之日起 3 日内，将销售的品种、数量和购买单位向所在地省、自治区、直辖市人民政府民用爆炸物品行业主管部门和所在地县级人民政府公安机关备案。

购买民用爆炸物品的单位，应当自民用爆炸物品买卖成交之日起 3 日内，将购买的品种、数量向所在地县级人民政府公安机关备案。

第二十五条 进出口民用爆炸物品，应当经国务院民用爆炸物品行业主管部门审批。进出口民用爆炸物品审批办法，由国务院民用爆炸物品行业主管部门会同国务院公安部门、海关总署规定。

进出口单位应当将进出口的民用爆炸物品的品种、数量向收货地或者出境口岸所在地县级人民政府公安机关备案。

第四章 运 输

第二十六条 运输民用爆炸物品，收货单位应当向运达地县级人民政府公安机关提出申请，并提交包括下列内容的材料：

（一）民用爆炸物品生产企业、销售企业、使用单位以及进出口单位分别提供的《民用爆炸物品生产许可证》《民用爆炸物品销售许可证》《民用爆炸物品购买许可证》或者进出口批准证明；

（二）运输民用爆炸物品的品种、数量、包装材料和包装方式；

（三）运输民用爆炸物品的特性、出现险情的应急处置方法；

（四）运输时间、起始地点、运输路线、经停地点。

受理申请的公安机关应当自受理申请之日起 3 日内对提交的有关材料进行审查，对符合条件的，核发《民用爆炸物品运输许可证》；对不符合条件的，不予核发《民用爆炸物品运输许可证》，书面向申请人说明理由。

《民用爆炸物品运输许可证》应当载明收货单位、销售企业、承运人，一次性运输有效期限、起始地点、运输路线、经停地点，民用爆炸物品的品种、数量。

第二十七条 运输民用爆炸物品的，应当凭《民用爆炸物品运输许可证》，按照许可的品种、数量运输。

第二十八条 经由道路运输民用爆炸物品的，应当遵守下列规定：

（一）携带《民用爆炸物品运输许可证》；

（二）民用爆炸物品的装载符合国家有关标准和规范，车厢内不得载人；

（三）运输车辆安全技术状况应当符合国家有关安全技术标准的要求，并按照规定悬挂或者安装符合国家标准的易燃易爆危险物品警示标志；

（四）运输民用爆炸物品的车辆应当保持安全车速；

（五）按照规定的路线行驶，途中经停应当有专人看守，并远离建筑设施和人口稠密的地方，不得在许可以外的地点经停；

（六）按照安全操作规程装卸民用爆炸物品，并在装卸现场设置警戒，禁止无关人员进入；

（七）出现危险情况立即采取必要的应急处置措施，并报告当地公安机关。

第二十九条 民用爆炸物品运达目的地，收货单位应当进行验收后在《民用爆炸物品运输许可证》上签注，并在 3 日内将《民用爆炸物品运输许可证》交回发证机关核销。

第三十条 禁止携带民用爆炸物品搭乘公共交通工具或者进入公共场所。

禁止邮寄民用爆炸物品，禁止在托运的货物、行李、包裹、邮件中夹带民用爆炸物品。

第五章 爆破作业

第三十一条 申请从事爆破作业的单位，应当具备下列条件：

（一）爆破作业属于合法的生产活动；

（二）有符合国家有关标准和规范的民用爆炸物品专用仓库；

（三）有具备相应资格的安全管理人员、仓库管理人员和具备国家规定执业资格的爆破作业人员；

（四）有健全的安全管理制度、岗位安全责任制度；

（五）有符合国家标准、行业标准的爆破作业专用设备；

（六）法律、行政法规规定的其他条件。

第三十二条 申请从事爆破作业的单位，应当按照国务院公安部门的规定，向有关人民政府公安机关提出申请，并提供能够证明其符合本条例第三十一条规定条件的有关材料。受理申请的公安机关应当自受理申请之日起 20 日内进行审查，对符合条件的，核发《爆破作业单位许可证》；对不符合条件的，不予核发《爆破作业单位许可证》，书面向申请人说明理由。

营业性爆破作业单位持《爆破作业单位许可证》到工商行政管理部门办理工商登记后，方可从事营业性爆破作业活动。

爆破作业单位应当在办理工商登记后 3 日内，向所在地县级人民政府公安机关备案。

第三十三条 爆破作业单位应当对本单位的爆破作业人员、安全管理人员、仓库管理人员进行专业技术培训。爆破作业人员应当经设区的市级人民政府公安机关考核合格，取得《爆破作业人员许可证》后，方可从事爆破作业。

第三十四条 爆破作业单位应当按照其资质等级承接爆破作业项目，爆破作业人员应当按照其资格等级从事爆破作业。爆破作业的分级管理办法由国务院公安部门规定。

第三十五条 在城市、风景名胜区和重要工程设施附近实施爆破作业的，应当向爆破作业所在地设区的市级人民政府公安机关提出申请，提交《爆破作业单位许可证》和具有相应资质的安全评估企业出具的爆破设计、施工方案评估报告。受理申请的公安机关应当自受理申请之日起20日内对提交的有关材料进行审查，对符合条件的，作出批准的决定；对不符合条件的，作出不予批准的决定，并书面向申请人说明理由。

实施前款规定的爆破作业，应当由具有相应资质的安全监理企业进行监理，由爆破作业所在地县级人民政府公安机关负责组织实施安全警戒。

第三十六条 爆破作业单位跨省、自治区、直辖市行政区域从事爆破作业的，应当事先将爆破作业项目的有关情况向爆破作业所在地县级人民政府公安机关报告。

第三十七条 爆破作业单位应当如实记载领取、发放民用爆炸物品的品种、数量、编号以及领取、发放人员姓名。领取民用爆炸物品的数量不得超过当班用量，作业后剩余的民用爆炸物品必须当班清退回库。

爆破作业单位应当将领取、发放民用爆炸物品的原始记录保存2年备查。

第三十八条 实施爆破作业，应当遵守国家有关标准和规范，在安全距离以外设置警示标志并安排警戒人员，防止无关人员进入；爆破作业结束后应当及时检查、排除未引爆的民用爆炸物品。

第三十九条 爆破作业单位不再使用民用爆炸物品时，应当将剩余的民用爆炸物品登记造册，报所在地县级人民政府公安机关组织监督销毁。

发现、拣拾无主民用爆炸物品的，应当立即报告当地公安机关。

第六章　储　存

第四十条 民用爆炸物品应当储存在专用仓库内，并按照国家规定设置技术防范设施。

第四十一条 储存民用爆炸物品应当遵守下列规定：

（一）建立出入库检查、登记制度，收存和发放民用爆炸物品必须进行登记，做到账目清楚，账物相符；

（二）储存的民用爆炸物品数量不得超过储存设计容量，对性质相抵触的民用爆炸物品必须分库储存，严禁在库房内存放其他物品；

（三）专用仓库应当指定专人管理、看护，严禁无关人员进入仓库区内，严禁在仓库区内吸烟和用火，严禁把其他容易引起燃烧、爆炸的物品带入仓库区内，严禁在库房内住宿和进行其他活动；

（四）民用爆炸物品丢失、被盗、被抢，应当立即报告当地公安机关。

第四十二条 在爆破作业现场临时存放民用爆炸物品的，应当具备临时存放民用爆炸物品的条件，并设专人管理、看护，不得在不具备安全存放条件的场所存放民用爆炸物品。

第四十三条 民用爆炸物品变质和过期失效的，应当及时清理出库，并予以销毁。销毁前应当登记造册，提出销毁实施方案，报省、自治区、直辖市人民政府民用爆炸物品行业主管部门、所在地县级人民政府公安机关组织监督销毁。

第七章 法律责任

第四十四条 非法制造、买卖、运输、储存民用爆炸物品，构成犯罪的，依法追究刑事责任；尚不构成犯罪，有违反治安管理行为的，依法给予治安管理处罚。

违反本条例规定，在生产、储存、运输、使用民用爆炸物品中发生重大事故，造成严重后果或者后果特别严重，构成犯罪的，依法追究刑事责任。

违反本条例规定，未经许可生产、销售民用爆炸物品的，由民用爆炸物品行业主管部门责令停止非法生产、销售活动，处10万元以上50万元以下的罚款，并没收非法生产、销售的民用爆炸物品及其违法所得。

违反本条例规定，未经许可购买、运输民用爆炸物品或者从事爆破作业的，由公安机关责令停止非法购买、运输、爆破作业活动，处5万元以上20万元以下的罚款，并没收非法购买、运输以及从事爆破作业使用的民用爆炸物品及其违法所得。

民用爆炸物品行业主管部门、公安机关对没收的非法民用爆炸物品，应当组织销毁。

第四十五条 违反本条例规定，生产、销售民用爆炸物品的企业有下列行为之一的，由民用爆炸物品行业主管部门责令限期改正，处10万元以上50万元以下的罚款；逾期不改正的，责令停产停业整顿；情节严重的，吊销《民用爆炸物品生产许可证》或者《民用爆炸物品销售许可证》：

（一）超出生产许可的品种、产量进行生产、销售的；

（二）违反安全技术规程生产作业的；

（三）民用爆炸物品的质量不符合相关标准的；

（四）民用爆炸物品的包装不符合法律、行政法规的规定以及相关标准的；

（五）超出购买许可的品种、数量销售民用爆炸物品的；

（六）向没有《民用爆炸物品生产许可证》、《民用爆炸物品销售许可证》、《民用爆炸物品购买许可证》的单位销售民用爆炸物品的；

（七）民用爆炸物品生产企业销售本企业生产的民用爆炸物品未按照规定向民用爆炸物品行业主管部门备案的；

（八）未经审批进出口民用爆炸物品的。

第四十六条 违反本条例规定，有下列情形之一的，由公安机关责令限期改正，处5万元以上20万元以下的罚款；逾期不改正的，责令停产停业整顿：

（一）未按照规定对民用爆炸物品做出警示标识、登记标识或者未对雷管编码打号的；

（二）超出购买许可的品种、数量购买民用爆炸物品的；

（三）使用现金或者实物进行民用爆炸物品交易的；

（四）未按照规定保存购买单位的许可证、银行账户转账凭证、经办人的身份证明复印件的；

（五）销售、购买、进出口民用爆炸物品，未按照规定向公安机关备案的；

（六）未按照规定建立民用爆炸物品登记制度，如实将本单位生产、销售、购买、运输、储存、使用民用爆炸物品的品种、数量和流向信息输入计算机系统的；

（七）未按照规定将《民用爆炸物品运输许可证》交回发证机关核销的。

第四十七条 违反本条例规定，经由道路运输民用爆炸物品，有下列情形之一的，由公安机关责令改正，处5万元以上20万元以下的罚款：

（一）违反运输许可事项的；

（二）未携带《民用爆炸物品运输许可证》的；

（三）违反有关标准和规范混装民用爆炸物品的；

（四）运输车辆未按照规定悬挂或者安装符合国家标准的易燃易爆危险物品警示标志的；

（五）未按照规定的路线行驶，途中经停没有专人看守或者在许可以外的地点经停的；

（六）装载民用爆炸物品的车厢载人的；

（七）出现危险情况未立即采取必要的应急处置措施、报告当地公安机关的。

第四十八条 违反本条例规定，从事爆破作业的单位有下列情形之一的，由公安机关责令停止违法行为或者限期改正，处10万元以上50万元以下的罚款；逾期不改正的，责令停产停业整顿；情节严重的，吊销《爆破作业单位许可证》：

（一）爆破作业单位未按照其资质等级从事爆破作业的；

（二）营业性爆破作业单位跨省、自治区、直辖市行政区域实施爆破作业，未按照规定事先向爆破作业所在地的县级人民政府公安机关报告的；

（三）爆破作业单位未按照规定建立民用爆炸物品领取登记制度、保存领取登记记录的；

（四）违反国家有关标准和规范实施爆破作业的。

爆破作业人员违反国家有关标准和规范的规定实施爆破作业的，由公安机关责令限期改正，情节严重的，吊销《爆破作业人员许可证》。

第四十九条 违反本条例规定，有下列情形之一的，由民用爆炸物品行业主管部门、公安机关按照职责责令限期改正，可以并处5万元以上20万元以下的罚款；逾期不改正的，责令停产停业整顿；情节严重的，吊销许可证：

（一）未按照规定在专用仓库设置技术防范设施的；

（二）未按照规定建立出入库检查、登记制度或者收存和发放民用爆炸物品，致使账物不符的；

（三）超量储存、在非专用仓库储存或者违反储存标准和规范储存民用爆炸物品的；

（四）有本条例规定的其他违反民用爆炸物品储存管理规定行为的。

第五十条 违反本条例规定，民用爆炸物品从业单位有下列情形之一的，由公安机关处2万元以上10万元以下的罚款；情节严重的，吊销其许可证；有违反治安管理行为的，依法给予治安管理处罚：

（一）违反安全管理制度，致使民用爆炸物品丢失、被盗、被抢的；

（二）民用爆炸物品丢失、被盗、被抢，未按照规定向当地公安机关报告或者故意隐瞒不报的；

（三）转让、出借、转借、抵押、赠送民用爆炸物品的。

第五十一条 违反本条例规定，携带民用爆炸物品搭乘公共交通工具或者进入公共场所，邮寄或者在托运的货物、行李、包裹、邮件中夹带民用爆炸物品，构成犯罪的，依法追究刑事责任；尚不构成犯罪的，由公安机关依法给予治安管理处罚，没收非法的民用爆炸物品，处1000元以上1万元以下的罚款。

第五十二条 民用爆炸物品从业单位的主要负责人未履行本条例规定的安全管理责任，

导致发生重大伤亡事故或者造成其他严重后果，构成犯罪的，依法追究刑事责任；尚不构成犯罪的，对主要负责人给予撤职处分，对个人经营的投资人处 2 万元以上 20 万元以下的罚款。

第五十三条　民用爆炸物品行业主管部门、公安机关、工商行政管理部门的工作人员，在民用爆炸物品安全监督管理工作中滥用职权、玩忽职守或者徇私舞弊，构成犯罪的，依法追究刑事责任；尚不构成犯罪的，依法给予行政处分。

第八章　附　则

第五十四条　《民用爆炸物品生产许可证》《民用爆炸物品销售许可证》，由国务院民用爆炸物品行业主管部门规定式样；《民用爆炸物品购买许可证》《民用爆炸物品运输许可证》《爆破作业单位许可证》《爆破作业人员许可证》，由国务院公安部门规定式样。

第五十五条　本条例自 2006 年 9 月 1 日起施行。1984 年 1 月 6 日国务院发布的《中华人民共和国民用爆炸物品管理条例》同时废止。

中华人民共和国国防科学技术工业委员会
中华人民共和国公安部
公告
2006年第1号

根据《民用爆炸物品安全管理条例》第二条的规定，国防科工委、公安部制订了《民用爆炸物品品名表》，现予以公布，请遵照执行。

二〇〇六年十一月九日

民用爆炸物品品名表

序号	名 称	英文名称	备 注
一、	工业炸药		
1	硝化甘油炸药	Nitroglycerine,NG	甘油三硝酸酯类混合炸药
2	铵梯类炸药	Ammonite	含铵梯油炸药
3	多孔粒状铵油炸药		
4	改性铵油炸药		
5	膨化硝铵炸药	Expanded AN explosive	
6	其他铵油类炸药		含粉状铵油、铵松蜡、铵沥蜡炸药等
7	水胶炸药	Water gel explosive	
8	乳化炸药(胶状)	Emulsion	
9	粉状乳化炸药	Powdery emulsive	
10	乳化粒状铵油炸药		重铵油炸药
11	粘性炸药		
12	含退役火药炸药		含退役火药的乳化、浆状、粉状炸药
13	其他工业炸药		
14	震源药柱	Seismic charge	
15	震源弹		
16	人工影响天气用燃爆器材		含炮弹、火箭弹等、限生产、购买、销售、运输管理
17	矿岩破碎器材		
18	中继起爆具	Primer	
19	爆炸加工器材		
20	油气井用起爆器		
21	聚能射孔弹	Perforating charge	
22	复合射孔器	Perforator	
23	聚能切割弹		
24	高能气体压裂弹		
25	点火药盒		
26	其它油气井用爆破器材		
27	其它炸药制品		
二、	工业雷管		
28	工业火雷管	Flash detonator	
29	工业电雷管	Electric detonator	含普通电雷管和煤矿许用电雷管

续表

序号	名　称	英文名称	备　注
30	导爆管雷管	Detonator with shock-conducting tube	
31	半导体桥电雷管		
32	电子雷管	Electron-delay detonator	
33	磁电雷管	Magnetoelectric detonator	
34	油气井用电雷管		
35	地震勘探电雷管		
36	继爆管		
37	其他工业雷管		
三、	工业索类火工品		
38	工业导火索	Industrial blasting fuse	
39	工业导爆索	Industrial Detonating fuse	
40	切割索	Linear shaped charge	
41	塑料导爆管	Shock-conducting tube	
42	引火线		
四、	其他民用爆炸物品		
43	安全气囊用点火具		
44	其他特殊用途点火具		
45	特殊用途烟火制品		
46	其他点火器材		
47	海上救生烟火信号		
五、	原材料		
48	梯恩梯（TNT）/2，4，6-三硝基甲苯	Trinitrotoluene，TNT	限于购买、销售、运输管理
49	工业黑索今（RDX）/环三亚甲基三硝胺	Hexogen，RDX	限于购买、销售、运输管理
50	苦味酸/2，4，6-三硝基苯酚	Picric acib	限于购买、销售、运输管理
51	民用推进剂		限于购买、销售、运输管理
52	太安（PETN）/季戊四醇四硝酸酯	Pentaerythritol tetranitrate，PETN	限于购买、销售、运输管理
53	奥克托今（HMX）	Octogen，HMX	限于购买、销售、运输管理
54	其他单质猛炸药	Explosive compound	限于购买、销售、运输管理
55	黑火药	Black power	用于生产烟花爆竹的黑火药除外，限于购买、销售、运输管理
56	起爆药	Initiating explosive	
57	延期器材		
58	硝酸铵	Ammonium nitrate，AN	限于购买、销售审批管理
59	国防科工委、公安部认为需要管理的其他民用爆炸物品		

通用航空飞行管制条例

（2003 年 1 月 10 日中华人民共和国国务院、中华人民共和国中央军事委员会令第 371 号公布　自 2003 年 5 月 1 日起施行）

第一章　总　则

第一条　为了促进通用航空事业的发展，规范通用航空飞行活动，保证飞行安全，根据《中华人民共和国民用航空法》和《中华人民共和国飞行基本规则》，制定本条例。

第二条　在中华人民共和国境内从事通用航空飞行活动，必须遵守本条例。

在中华人民共和国境内从事升放无人驾驶自由气球和系留气球活动，适用本条例的有关规定。

第三条　本条例所称通用航空，是指除军事、警务、海关缉私飞行和公共航空运输飞行以外的航空活动，包括从事工业、农业、林业、渔业、矿业、建筑业的作业飞行和医疗卫生、抢险救灾、气象探测、海洋监测、科学实验、遥感测绘、教育训练、文化体育、旅游观光等方面的飞行活动。

第四条　从事通用航空飞行活动的单位、个人，必须按照《中华人民共和国民用航空法》的规定取得从事通用航空活动的资格，并遵守国家有关法律、行政法规的规定。

第五条　飞行管制部门按照职责分工，负责对通用航空飞行活动实施管理，提供空中交通管制服务。相关飞行保障单位应当积极协调配合，做好有关服务保障工作，为通用航空飞行活动创造便利条件。

第二章　飞行空域的划设与使用

第六条　从事通用航空飞行活动的单位、个人使用机场飞行空域、航路、航线，应当按照国家有关规定向飞行管制部门提出申请，经批准后方可实施。

第七条　从事通用航空飞行活动的单位、个人，根据飞行活动要求，需要划设临时飞行空域的，应当向有关飞行管制部门提出划设临时飞行空域的申请。

划设临时飞行空域的申请应当包括下列内容：

（一）临时飞行空域的水平范围、高度；

（二）飞入和飞出临时飞行空域的方法；

（三）使用临时飞行空域的时间；

（四）飞行活动性质；

（五）其他有关事项。

第八条 划设临时飞行空域，按照下列规定的权限批准：

（一）在机场区域内划设的，由负责该机场飞行管制的部门批准；

（二）超出机场区域在飞行管制分区内划设的，由负责该分区飞行管制的部门批准；

（三）超出飞行管制分区在飞行管制区内划设的，由负责该管制区飞行管制的部门批准；

（四）在飞行管制区间划设的，由中国人民解放军空军批准。

批准划设临时飞行空域的部门应当将划设的临时飞行空域报上一级飞行管制部门备案，并通报有关单位。

第九条 划设临时飞行空域的申请，应当在拟使用临时飞行空域7个工作日前向有关飞行管制部门提出；负责批准该临时飞行空域的飞行管制部门应当在拟使用临时飞行空域3个工作日前作出批准或者不予批准的决定，并通知申请人。

第十条 临时飞行空域的使用期限应当根据通用航空飞行的性质和需要确定，通常不得超过12个月。

因飞行任务的要求，需要延长临时飞行空域使用期限的，应当报经批准该临时飞行空域的飞行管制部门同意。

通用航空飞行任务完成后，从事通用航空飞行活动的单位、个人应当及时报告有关飞行管制部门，其申请划设的临时飞行空域即行撤销。

第十一条 已划设的临时飞行空域，从事通用航空飞行活动的其他单位、个人因飞行需要，经批准划设该临时飞行空域的飞行管制部门同意，也可以使用。

第三章 飞行活动的管理

第十二条 从事通用航空飞行活动的单位、个人实施飞行前，应当向当地飞行管制部门提出飞行计划申请，按照批准权限，经批准后方可实施。

第十三条 飞行计划申请应当包括下列内容：

（一）飞行单位；

（二）飞行任务性质；

（三）机长（飞行员）姓名、代号（呼号）和空勤组人数；

（四）航空器型别和架数；

（五）通信联络方法和二次雷达应答机代码；

（六）起飞、降落机场和备降场；

（七）预计飞行开始、结束时间；

（八）飞行气象条件；

（九）航线、飞行高度和飞行范围；

（十）其他特殊保障需求。

第十四条 从事通用航空飞行活动的单位、个人有下列情形之一的，必须在提出飞行计划申请时，提交有效的任务批准文件：

（一）飞出或者飞入我国领空的（公务飞行除外）；

（二）进入空中禁区或者国（边）界线至我方一侧10千米之间地带上空飞行的；

（三）在我国境内进行航空物探或者航空摄影活动的；

（四）超出领海（海岸）线飞行的；

（五）外国航空器或者外国人使用我国航空器在我国境内进行通用航空飞行活动的。

第十五条 使用机场飞行空域、航路、航线进行通用航空飞行活动，其飞行计划申请由当地飞行管制部门批准或者由当地飞行管制部门报经上级飞行管制部门批准。

使用临时飞行空域、临时航线进行通用航空飞行活动，其飞行计划申请按照下列规定的权限批准：

（一）在机场区域内的，由负责该机场飞行管制的部门批准；

（二）超出机场区域在飞行管制分区内的，由负责该分区飞行管制的部门批准；

（三）超出飞行管制分区在飞行管制区内的，由负责该区域飞行管制的部门批准；

（四）超出飞行管制区的，由中国人民解放军空军批准。

第十六条 飞行计划申请应当在拟飞行前 1 天 15 时前提出；飞行管制部门应当在拟飞行前 1 天 21 时前作出批准或者不予批准的决定，并通知申请人。

执行紧急救护、抢险救灾、人工影响天气或者其他紧急任务的，可以提出临时飞行计划申请。临时飞行计划申请最迟应当在拟飞行 1 小时前提出；飞行管制部门应当在拟起飞时刻 15 分钟前作出批准或者不予批准的决定，并通知申请人。

第十七条 在划设的临时飞行空域内实施通用航空飞行活动的，可以在申请划设临时飞行空域时一并提出 15 天以内的短期飞行计划申请，不再逐日申请；但是每日飞行开始前和结束后，应当及时报告飞行管制部门。

第十八条 使用临时航线转场飞行的，其飞行计划申请应当在拟飞行 2 天前向当地飞行管制部门提出；飞行管制部门应当在拟飞行前 1 天 18 时前作出批准或者不予批准的决定，并通知申请人，同时按照规定通报有关单位。

第十九条 飞行管制部门对违反飞行管制规定的航空器，可以根据情况责令改正或者停止其飞行。

第四章 飞行保障

第二十条 通信、导航、雷达、气象、航行情报和其他飞行保障部门应当认真履行职责，密切协同，统筹兼顾，合理安排，提高飞行空域和时间的利用率，保障通用航空飞行顺利实施。

第二十一条 通信、导航、雷达、气象、航行情报和其他飞行保障部门对于紧急救护、抢险救灾、人工影响天气等突发性任务的飞行，应当优先安排。

第二十二条 从事通用航空飞行活动的单位、个人组织各类飞行活动，应当制定安全保障措施，严格按照批准的飞行计划组织实施，并按照要求报告飞行动态。

第二十三条 从事通用航空飞行活动的单位、个人，应当与有关飞行管制部门建立可靠的通信联络。

在划设的临时飞行空域内从事通用航空飞行活动时，应当保持空地联络畅通。

第二十四条 在临时飞行空域内进行通用航空飞行活动，通常由从事通用航空飞行活动的单位、个人负责组织实施，并对其安全负责。

第二十五条 飞行管制部门应当按照职责分工或者协议，为通用航空飞行活动提供空中交通管制服务。

第二十六条 从事通用航空飞行活动需要使用军用机场的，应当将使用军用机场的申请和飞行计划申请一并向有关部队司令机关提出，由有关部队司令机关作出批准或者不予批准的决定，并通知申请人。

第二十七条 从事通用航空飞行活动的航空器转场飞行，需要使用军用或者民用机场的，由该机场管理机构按照规定或者协议提供保障；使用军民合用机场的，由从事通用航空飞行活动的单位、个人与机场有关部门协商确定保障事宜。

第二十八条 在临时机场或者起降点飞行的组织指挥，通常由从事通用航空飞行活动的单位、个人负责。

第二十九条 从事通用航空飞行活动的民用航空器能否起飞、着陆和飞行，由机长（飞行员）根据适航标准和气象条件等最终确定，并对此决定负责。

第三十条 通用航空飞行保障收费标准，按照国家有关国内机场收费标准执行。

第五章 升放和系留气球的规定

第三十一条 升放无人驾驶自由气球或者系留气球，不得影响飞行安全。

本条例所称无人驾驶自由气球，是指无动力驱动、无人操纵、轻于空气、总质量大于4千克自由飘移的充气物体。

本条例所称系留气球，是指系留于地面物体上、直径大于1．8米或者体积容量大于3．2立方米、轻于空气的充气物体。

第三十二条 无人驾驶自由气球和系留气球的分类、识别标志和升放条件等，应当符合国家有关规定。

第三十三条 进行升放无人驾驶自由气球或者系留气球活动，必须经设区的市级以上气象主管机构会同有关部门批准。具体办法由国务院气象主管机构制定。

第三十四条 升放无人驾驶自由气球，应当在拟升放2天前持本条例第三十三条规定的批准文件向当地飞行管制部门提出升放申请；飞行管制部门应当在拟升放1天前作出批准或者不予批准的决定，并通知申请人。

第三十五条 升放无人驾驶自由气球的申请，通常应当包括下列内容：

（一）升放的单位、个人和联系方法；

（二）气球的类型、数量、用途和识别标志；

（三）升放地点和计划回收区；

（四）预计升放和回收（结束）的时间；

（五）预计飘移方向、上升的速度和最大高度。

第三十六条 升放无人驾驶自由气球，应当按照批准的申请升放，并及时向有关飞行管制部门报告升放动态；取消升放时，应当及时报告有关飞行管制部门。

第三十七条 升放系留气球，应当确保系留牢固，不得擅自释放。

系留气球升放的高度不得高于地面150米，但是低于距其水平距离50米范围内建筑物顶部的除外。

系留气球升放的高度超过地面 50 米的，必须加装快速放气装置，并设置识别标志。

第三十八条 升放的无人驾驶自由气球或者系留气球中发生下列可能危及飞行安全的情况时，升放单位、个人应当及时报告有关飞行管制部门和当地气象主管机构：

（一）无人驾驶自由气球非正常运行的；

（二）系留气球意外脱离系留的；

（三）其他可能影响飞行安全的异常情况。

加装快速放气装置的系留气球意外脱离系留时，升放系留气球的单位、个人应当在保证地面人员、财产安全的条件下，快速启动放气装置。

第三十九条 禁止在依法划设的机场范围内和机场净空保护区域内升放无人驾驶自由气球或者系留气球，但是国家另有规定的除外。

第六章 法律责任

第四十条 违反本条例规定，《中华人民共和国民用航空法》《中华人民共和国飞行基本规则》及有关行政法规对其处罚有规定的，从其规定；没有规定的，适用本章规定。

第四十一条 从事通用航空飞行活动的单位、个人违反本条例规定，有下列情形之一的，由有关部门按照职责分工责令改正，给予警告；情节严重的，处 2 万元以上 10 万元以下罚款，并可给予责令停飞 1 个月至 3 个月、暂扣直至吊销经营许可证、飞行执照的处罚；造成重大事故或者严重后果的，依照刑法关于重大飞行事故罪或者其他罪的规定，依法追究刑事责任：

（一）未经批准擅自飞行的；

（二）未按批准的飞行计划飞行的；

（三）不及时报告或者漏报飞行动态的；

（四）未经批准飞入空中限制区、空中危险区的。

第四十二条 违反本条例规定，未经批准飞入空中禁区的，由有关部门按照国家有关规定处置。

第四十三条 违反本条例规定，升放无人驾驶自由气球或者系留气球，有下列情形之一的，由气象主管机构或者有关部门按照职责分工责令改正，给予警告；情节严重的，处 1 万元以上 5 万元以下罚款；造成重大事故或者严重后果的，依照刑法关于重大责任事故罪或者其他罪的规定，依法追究刑事责任：

（一）未经批准擅自升放的；

（二）未按照批准的申请升放的；

（三）未按照规定设置识别标志的；

（四）未及时报告升放动态或者系留气球意外脱离时未按照规定及时报告的；

（五）在规定的禁止区域内升放的。

第四十四条 按照本条例实施的罚款，应当全额上缴财政。

第七章 附 则

第四十五条 本条例自 2003 年 5 月 1 日起施行。

气象设施和气象探测环境保护条例

（2012年8月29日中华人民共和国国务院令第623号公布　根据2016年2月6日《国务院关于修改部分行政法规的决定》修订）

第一条　为了保护气象设施和气象探测环境，确保气象探测信息的代表性、准确性、连续性和可比较性，根据《中华人民共和国气象法》，制定本条例。

第二条　本条例所称气象设施，是指气象探测设施、气象信息专用传输设施和大型气象专用技术装备等。

本条例所称气象探测环境，是指为避开各种干扰，保证气象探测设施准确获得气象探测信息所必需的最小距离构成的环境空间。

第三条　气象设施和气象探测环境保护实行分类保护、分级管理的原则。

第四条　县级以上地方人民政府应当加强对气象设施和气象探测环境保护工作的组织领导和统筹协调，将气象设施和气象探测环境保护工作所需经费纳入财政预算。

第五条　国务院气象主管机构负责全国气象设施和气象探测环境的保护工作。地方各级气象主管机构在上级气象主管机构和本级人民政府的领导下，负责本行政区域内气象设施和气象探测环境的保护工作。

设有气象台站的国务院其他有关部门和省、自治区、直辖市人民政府其他有关部门应当做好本部门气象设施和气象探测环境的保护工作，并接受同级气象主管机构的指导和监督管理。

发展改革、国土资源、城乡规划、无线电管理、环境保护等有关部门按照职责分工负责气象设施和气象探测环境保护的有关工作。

第六条　任何单位和个人都有义务保护气象设施和气象探测环境，并有权对破坏气象设施和气象探测环境的行为进行举报。

第七条　地方各级气象主管机构应当会同城乡规划、国土资源等部门制定气象设施和气象探测环境保护专项规划，报本级人民政府批准后依法纳入城乡规划。

第八条　气象设施是基础性公共服务设施。县级以上地方人民政府应当按照气象设施建设规划的要求，合理安排气象设施建设用地，保障气象设施建设顺利进行。

第九条　各级气象主管机构应当按照相关质量标准和技术要求配备气象设施，设置必要的保护装置，建立健全安全管理制度。

地方各级气象主管机构应当按照国务院气象主管机构的规定，在气象设施附近显著位置设立保护标志，标明保护要求。

第十条　禁止实施下列危害气象设施的行为：

（一）侵占、损毁、擅自移动气象设施或者侵占气象设施用地；

（二）在气象设施周边进行危及气象设施安全的爆破、钻探、采石、挖沙、取土等活动；

（三）挤占、干扰依法设立的气象无线电台（站）、频率；

（四）设置影响大型气象专用技术装备使用功能的干扰源；

（五）法律、行政法规和国务院气象主管机构规定的其他危害气象设施的行为。

第十一条 大气本底站、国家基准气候站、国家基本气象站、国家一般气象站、高空气象观测站、天气雷达站、气象卫星地面站、区域气象观测站等气象台站和单独设立的气象探测设施的探测环境，应当依法予以保护。

第十二条 禁止实施下列危害大气本底站探测环境的行为：

（一）在观测场周边3万米探测环境保护范围内新建、扩建城镇、工矿区，或者在探测环境保护范围上空设置固定航线；

（二）在观测场周边1万米范围内设置垃圾场、排污口等干扰源；

（三）在观测场周边1000米范围内修建建筑物、构筑物。

第十三条 禁止实施下列危害国家基准气候站、国家基本气象站探测环境的行为：

（一）在国家基准气候站观测场周边2000米探测环境保护范围内或者国家基本气象站观测场周边1000米探测环境保护范围内修建高度超过距观测场距离1/10的建筑物、构筑物；

（二）在观测场周边500米范围内设置垃圾场、排污口等干扰源；

（三）在观测场周边200米范围内修建铁路；

（四）在观测场周边100米范围内挖筑水塘等；

（五）在观测场周边50米范围内修建公路、种植高度超过1米的树木和作物等。

第十四条 禁止实施下列危害国家一般气象站探测环境的行为：

（一）在观测场周边800米探测环境保护范围内修建高度超过距观测场距离1/8的建筑物、构筑物；

（二）在观测场周边200米范围内设置垃圾场、排污口等干扰源；

（三）在观测场周边100米范围内修建铁路；

（四）在观测场周边50米范围内挖筑水塘等；

（五）在观测场周边30米范围内修建公路、种植高度超过1米的树木和作物等。

第十五条 高空气象观测站、天气雷达站、气象卫星地面站、区域气象观测站和单独设立的气象探测设施探测环境的保护，应当严格执行国家规定的保护范围和要求。

前款规定的保护范围和要求由国务院气象主管机构公布，涉及无线电频率管理的，国务院气象主管机构应当征得国务院无线电管理部门的同意。

第十六条 地方各级气象主管机构应当将本行政区域内气象探测环境保护要求报告本级人民政府和上一级气象主管机构，并抄送同级发展改革、国土资源、城乡规划、住房建设、无线电管理、环境保护等部门。

对不符合气象探测环境保护要求的建筑物、构筑物、干扰源等，地方各级气象主管机构应当根据实际情况，商有关部门提出治理方案，报本级人民政府批准并组织实施。

第十七条 在气象台站探测环境保护范围内新建、改建、扩建建设工程，应当避免危害气象探测环境；确实无法避免的，建设单位应当向省、自治区、直辖市气象主管机构报告并提出相应的补救措施，经省、自治区、直辖市气象主管机构书面同意。未征得气象主管机构书面同意或者未落实补救措施的，有关部门不得批准其开工建设。

在单独设立的气象探测设施探测环境保护范围内新建、改建、扩建建设工程的，建设单位应当事先报告当地气象主管机构，并按照要求采取必要的工程、技术措施。

第十八条 气象台站站址应当保持长期稳定，任何单位或者个人不得擅自迁移气象台站。

因国家重点工程建设或者城市（镇）总体规划变化，确需迁移气象台站的，建设单位或者当地人民政府应当向省、自治区、直辖市气象主管机构提出申请，由省、自治区、直辖市气象主管机构组织专家对拟迁新址的科学性、合理性进行评估，符合气象设施和气象探测环境保护要求的，在纳入城市（镇）控制性详细规划后，按照先建站后迁移的原则进行迁移。

申请迁移大气本底站、国家基准气候站、国家基本气象站的，由受理申请的省、自治区、直辖市气象主管机构签署意见并报送国务院气象主管机构审批；申请迁移其他气象台站的，由省、自治区、直辖市气象主管机构审批，并报送国务院气象主管机构备案。

气象台站迁移、建设费用由建设单位承担。

第十九条 气象台站探测环境遭到严重破坏，失去治理和恢复可能的，国务院气象主管机构或者省、自治区、直辖市气象主管机构可以按照职责权限和先建站后迁移的原则，决定迁移气象台站；该气象台站所在地地方人民政府应当保证气象台站迁移用地，并承担迁移、建设费用。地方人民政府承担迁移、建设费用后，可以向破坏探测环境的责任人追偿。

第二十条 迁移气象台站的，应当按照国务院气象主管机构的规定，在新址与旧址之间进行至少1年的对比观测。

迁移的气象台站经批准、决定迁移的气象主管机构验收合格，正式投入使用后，方可改变旧址用途。

第二十一条 因工程建设或者气象探测环境治理需要迁移单独设立的气象探测设施的，应当经设立该气象探测设施的单位同意，并按照国务院气象主管机构规定的技术要求进行复建。

第二十二条 各级气象主管机构应当加强对气象设施和气象探测环境保护的日常巡查和监督检查。各级气象主管机构可以采取下列措施：

（一）要求被检查单位或者个人提供有关文件、证照、资料；

（二）要求被检查单位或者个人就有关问题作出说明；

（三）进入现场调查、取证。

各级气象主管机构在监督检查中发现应当由其他部门查处的违法行为，应当通报有关部门进行查处。有关部门未及时查处的，各级气象主管机构可以直接通报、报告有关地方人民政府责成有关部门进行查处。

第二十三条 各级气象主管机构以及发展改革、国土资源、城乡规划、无线电管理、环境保护等有关部门及其工作人员违反本条例规定，有下列行为之一的，由本级人民政府或者上级机关责令改正，通报批评；对直接负责的主管人员和其他直接责任人员依法给予处分；构成犯罪的，依法追究刑事责任：

（一）擅自迁移气象台站的；

（二）擅自批准在气象探测环境保护范围内设置垃圾场、排污口、无线电台（站）等干扰源以及新建、改建、扩建建设工程危害气象探测环境的；

（三）有其他滥用职权、玩忽职守、徇私舞弊等不履行气象设施和气象探测环境保护职责行为的。

第二十四条 违反本条例规定，危害气象设施的，由气象主管机构责令停止违法行为，限期恢复原状或者采取其他补救措施；逾期拒不恢复原状或者采取其他补救措施的，由气象主管机构依法申请人民法院强制执行，并对违法单位处1万元以上5万元以下罚款，对违法个人处100元以上1000元以下罚款；造成损害的，依法承担赔偿责任；构成违反治安管理行为的，由公安机关依法给予治安管理处罚；构成犯罪的，依法追究刑事责任。

挤占、干扰依法设立的气象无线电台（站）、频率的，依照无线电管理相关法律法规的规定处罚。

第二十五条 违反本条例规定，危害气象探测环境的，由气象主管机构责令停止违法行为，限期拆除或者恢复原状，情节严重的，对违法单位处2万元以上5万元以下罚款，对违法个人处200元以上5000元以下罚款；逾期拒不拆除或者恢复原状的，由气象主管机构依法申请人民法院强制执行；造成损害的，依法承担赔偿责任。

在气象探测环境保护范围内，违法批准占用土地的，或者非法占用土地新建建筑物或者其他设施的，依照城乡规划、土地管理等相关法律法规的规定处罚。

第二十六条 本条例自2012年12月1日起施行。

中华人民共和国道路运输条例

（节录）

（2004 年 4 月 30 日中华人民共和国国务院令第 406 号公布　根据 2012 年 11 月 9 日《国务院关于修改和废止部分行政法规的决定》第一次修订　根据 2016 年 2 月 6 日《国务院关于修改部分行政法规的决定》第二次修订　根据 2019 年 3 月 2 日《国务院关于修改部分行政法规的决定》第三次修订）

第二节　货　运

第二十四条　申请从事货运经营的，应当依法向工商行政管理机关办理有关登记手续后，按照下列规定提出申请并分别提交符合本条例第二十一条、第二十三条规定条件的相关材料：

（一）从事危险货物运输经营以外的货运经营的，向县级道路运输管理机构提出申请；

（二）从事危险货物运输经营的，向设区的市级道路运输管理机构提出申请。

依照前款规定收到申请的道路运输管理机构，应当自受理申请之日起 20 日内审查完毕，作出许可或者不予许可的决定。予以许可的，向申请人颁发道路运输经营许可证，并向申请人投入运输的车辆配发车辆营运证；不予许可的，应当书面通知申请人并说明理由。

使用总质量 4500 千克及以下普通货运车辆从事普通货运经营的，无需按照本条规定申请取得道路运输经营许可证及车辆营运证。

生产安全事故报告和调查处理条例

（节录）

（2007 年 3 月 28 日国务院第 172 次常务会议通过　2007 年 4 月 9 日中华人民共和国国务院令第 493 号公布　自 2007 年 6 月 1 日起施行）

第一章　总　则

第五条　县级以上人民政府应当依照本条例的规定，严格履行职责，及时、准确地完成事故调查处理工作。

事故发生地有关地方人民政府应当支持、配合上级人民政府或者有关部门的事故调查处理工作，并提供必要的便利条件。

参加事故调查处理的部门和单位应当互相配合，提高事故调查处理工作的效率。

二、相关部门规章

气象专用技术装备使用许可管理办法

（2016 年 4 月 2 日中国气象局令第 28 号公布 自 2016 年 6 月 1 日起施行　根据 2020 年 3 月 24 日《中国气象局关于修改〈气象信息服务管理办法〉等四部部门规章的决定》第一次修订　根据 2022 年 8 月 15 日《中国气象局关于修改和废止部分部门规章的决定》第二次修订）

第一章　总　则

第一条　为了保证气象专用技术装备质量，满足气象业务和气象灾害防御的需要，规范气象专用技术装备使用许可行为，依据《中华人民共和国气象法》《中华人民共和国行政许可法》和《人工影响天气管理条例》的规定，制定本办法。

第二条　在中华人民共和国领域和中华人民共和国管辖的其他海域内，气象专用技术装备使用许可的实施和监督管理，应当遵守本办法。

本办法所称气象专用技术装备，是指专门用于气象探测、预报、服务以及人工影响天气、空间天气等气象业务的气象设备、仪器、仪表、消耗器材及相应软件系统。

第三条　国务院气象主管机构负责气象专用技术装备使用许可的实施和监督管理。

地方各级气象主管机构负责本行政区域内气象专用技术装备使用的监督管理。

第四条　实施气象专用技术装备使用许可，应当遵循公开、公平、公正原则。

第五条　在气象业务、工程设计建设中，应当使用具备有效许可证的气象专用技术装备。

第六条　国务院气象主管机构应当定期公告气象专用技术装备目录和取得或者注销、撤销许可的名录。

第二章　申请与受理

第七条　气象专用技术装备使用许可应当由生产者提出申请，并具备下列条件：

（一）具有法人资格；

（二）通过质量管理体系认证；

（三）产品满足国家标准、气象行业标准或者国务院气象主管机构规定的技术要求；

（四）具备与所生产产品相适应的生产、检测、销售、服务等体系；

（五）符合国家其他有关规定。

申请人工影响天气作业用火箭发射装置、炮弹、火箭弹三类设备使用许可证的，应当符合国家武器装备、民用爆炸物品的相关规定和国家有关强制性技术标准。

第八条 申请人应当向国务院气象主管机构提供下列申请材料：

（一）气象专用技术装备使用许可证申请表；

（二）产品技术文件，应包括下列材料：产品技术指标和配置一览表、企业标准、成套技术图纸、工艺文件、标准化审查报告、经济分析报告、使用说明书；

（三）第七条第三项到第五项的相关材料。

申请人应当对所提交的申请材料的真实性负责。

第九条 国务院气象主管机构应当在收到全部申请材料之日起五个工作日内，按照《中华人民共和国行政许可法》第三十二条和本办法规定的条件作出受理或者不予受理的书面决定。对不予受理的，应当书面说明理由。

第三章 审查与许可

第十条 国务院气象主管机构受理申请后，对申请材料进行审查并根据需要指派两名以上工作人员对申请材料的实质内容进行实地核查。

第十一条 对受理的申请，国务院气象主管机构应当委托符合下列基本条件的检测机构对产品进行检定、检测：

（一）具有国家法定授权的气象计量机构或者认证认可监督管理部门颁发资质的检测机构；

（二）具备技术标准要求的检验测试手段和基本环境条件；

（三）用于检测的标准、设备和仪器经过计量主管部门检定和校准；

（四）具有相应资格的测试技术人员；

（五）具有完善的运行和维护制度。

第十二条 检测机构应当按照国家有关标准或者国务院气象主管机构规定的技术要求，完成检定和检测后，提交书面检测报告。检测机构应当对检测数据和结论的真实性负责，并对相关技术文件保密。

人工影响天气作业用火箭发射装置、炮弹、火箭弹，还应由国家级人工影响天气业务单位出具业务性试用报告。

第十三条 国务院气象主管机构应当依据检测机构出具的报告对申请材料进行全面审查，在受理之日起二十个工作日内作出是否准予行政许可的决定。审查合格的，依法作出准予行政许可的决定；审查不合格的，依法作出不予行政许可的书面决定，出具《不予行政许可决定书》，同时说明理由并告知申请人享有依法申请行政复议或者提起行政诉讼的权利。

第十四条 国务院气象主管机构作出准予行政许可决定的，应当自作出决定之日起十个工作日内向申请人颁发《气象专用技术装备使用许可证》。

《气象专用技术装备使用许可证》分正本和副本，应当载明产品名称、规格型号、生产单位、法定代表人、单位地址、许可证编号、有效期限、发证日期、产品配置清单等内容，并加盖国务院气象主管机构的印章。《气象专用技术装备使用许可证》的有效期为四年。

第十五条 《气象专用技术装备使用许可证》有效期届满需要延期的，被许可人应当在有效期届满六十日前，向国务院气象主管机构提出延续申请。国务院气象主管机构应当在有效期届满前完成审查。符合条件的，予以延续；不符合条件的，不予以延续，并书面告知申请人。

第十六条 取得《气象专用技术装备使用许可证》的单位在其证书有效期内，单位名称、地址、法定代表人等发生变更的，应当在工商行政管理部门变更登记后三十日内，向国务院气象主管机构提出变更申请。

第十七条 国务院气象主管机构应当将申请人办理《气象专用技术装备使用许可证》的有关资料按照档案管理的有关规定及时归档，公众有权查阅。

第四章 监督管理

第十八条 国务院气象主管机构应当对取得许可的气象专用技术装备进行监督检查。

地方各级气象主管机构应当对气象业务使用的气象专用技术装备的购买和使用情况进行定期检查，并将检查情况逐级报告上级气象主管机构。

对监督检查中发现的问题，国务院气象主管机构责令被许可人或者购买、使用单位限期整改。

第十九条 任何组织和个人不得涂改、伪造、倒卖、出租、出借《气象专用技术装备使用许可证》。

第二十条 任何单位和个人对《气象专用技术装备使用许可证》发放和管理过程中的违法行为有权进行举报，国务院气象主管机构应当及时核实、处理。

第二十一条 产品出现重大质量问题、被许可人对存在的问题拒不整改或者整改达不到要求的，国务院气象主管机构应当根据利害关系人的申请或者依据职权作出撤销行政许可的决定。

第二十二条 有下列情形之一的，国务院气象主管机构应当依法办理有关行政许可的注销手续：

（一）许可有效期届满未申请延续的；

（二）法人依法终止的；

（三）许可依法被撤销的；

（四）法律、法规规定的应当注销许可的其他情形。

第五章 罚 则

第二十三条 申请人隐瞒有关情况，提供虚假材料，申请气象专用技术装备使用许可的，国务院气象主管机构不予受理或者不予许可，并给予警告。申请人在一年内不得再次申请该项许可。

第二十四条 被许可人以欺骗、贿赂等不正当手段取得气象专用技术装备使用许可的，国务院气象主管机构给予警告，撤销其许可，申请人在三年内不得再次申请该项许可；给他人造成损失的，依法承担赔偿责任；构成犯罪的，依法追究刑事责任。

第二十五条　违反本办法规定，涂改、伪造、倒卖、出租、出借《气象专用技术装备使用许可证》的，国务院气象主管机构给予警告，撤销其许可；给他人造成损失的，依法承担赔偿责任；构成犯罪的，依法追究刑事责任。

第二十六条　违反本办法规定，使用未经许可或者被注销、撤销许可后生产的气象专用技术装备，并造成危害的，由县级以上气象主管机构按照《气象法》第三十六条的规定进行处罚。

第六章　附　则

第二十七条　本办法自 2016 年 6 月 1 日起施行。2006 年 11 月 22 日中国气象局公布的《气象专用技术装备使用许可管理办法》（中国气象局令第 14 号）同时废止。

依据中国气象局令第 14 号已经取得的《气象专用技术装备使用许可证》在有效期内继续有效。